What Makes a Leader

Why Emotional Intelligence Matters

高情商领导力

［美］**丹尼尔·戈尔曼**（Daniel Goleman）—— 著

陈佳伶 —— 译

湖南文艺出版社
HUNAN LITERATURE AND ART PUBLISHING HOUSE

博集天卷
CS-BOOKY

图书在版编目（CIP）数据

高情商领导力 /（美）丹尼尔·戈尔曼（Daniel Goleman）著；陈佳伶译 .
— 长沙：湖南文艺出版社，2018.5
书名原文：what makes a leader: why emotional intelligence matters
ISBN 978-7-5404-8514-6

Ⅰ.①高… Ⅱ.①丹… ②陈… Ⅲ.①领导学 – 通俗读物 Ⅳ.① C933–49

中国版本图书馆 CIP 数据核字（2018）第 006106 号

著作权合同登记号：图字 18–2017–147

上架建议：经管·领导力

GAO QINGSHANG LINGDAOLI
高情商领导力

著　　者：[美] 丹尼尔·戈尔曼
译　　者：陈佳伶
出 版 人：曾赛丰
责任编辑：薛　健　刘诗哲
监　　制：蔡明菲　邢越超
策划编辑：李彩萍
特约编辑：汪　璐
版权支持：文赛峰
营销编辑：李　群　张锦涵　傅婷婷
封面设计：潘雪琴
版式设计：李　洁
出版发行：湖南文艺出版社
　　　　　（长沙市雨花区东二环一段 508 号　邮编：410014）
网　　址：www.hnwy.net
印　　刷：三河市中晟雅豪印务有限公司
经　　销：新华书店
开　　本：880mm×1230mm　1/32
字　　数：143 千字
印　　张：8
版　　次：2018 年 5 月第 1 版
印　　次：2018 年 5 月第 1 次印刷
书　　号：ISBN 978-7-5404-8514-6
定　　价：45.00 元

若有质量问题，请致电质量监督电话：010–59096394
团购电话：010–59320018

目录
Contents

1. 领导者的必备特质 _001

自我觉察 / 自我管理 / 同情心 / 社交技能

2. 高绩效领导力 _031

测量领导者的影响 / 权威型领导风格 / 教练型领导风格 /
联系型领导风格 / 民主型领导风格 / 领先型领导风格 /
高压型领导风格 / 领导者需要很多风格 / 扩充你的专长

EQ

学校应该教、
家庭也该重视的情绪智商

黑　幼　龙

　　不久前我从深圳到香港，时间是 4 点多，正好是放学的时刻。海关大厅简直就像是学校的大礼堂一样，到处都是穿着制服的小朋友。有老师或服务人员带队的，有家长来接送的，还有专设的学童关口。这幅景象带给了我好多联想……

　　这些小朋友好辛苦。一大早就要起床，赶忙吃早饭，可能要转好几趟车，到离家很远的地方去念书，下午又要按同样的行程赶回来，而且日复一日，就为了能进好学校。我不由得去想，他们长大了之后，会成为什么样的人？进名校，拥有高学位，就能保证成功？

　　他们是否能成为更快乐的人，或很会帮助他人？我就更不敢想了。

他们的父母更辛苦。其实台湾的父母也是一样。十二年教育演变得这么乱，还不就是父母或整个社会都认为，书念得好，学校好，就能更成功。

本书的作者戈尔曼博士却不认为是这样。这位哈佛大学心理学教授认为，人未来的成功，多半取决于他的情商（情绪智商的简称，EQ）。而情商刚好是学校没教的课程，也多半是很多家庭没重视的教养。

情商到底是什么呢？

好多人以为情商高，就是脾气好，会克制冲动而已。没错，但这只是基本功。情商的尺度或影响力，远远大于此。

情商高的人会激励自己，以正向的态度看自己，相信自己有优点，有未开发的潜力。他会认为未来很有希望。特别是在遭遇挫折的时候，陷入低潮、跌倒或受到打击的时候，还能站起来。在工作、事业方面如此，在感情、生活方面也常常能激励自己。这在今天变化万千的社会、压力排山倒海而来的职场，是多么不可或缺。

但是会读书的人，这方面就一定比较好吗？

情商高的人同情心较强，沟通能力较好，因而更会激励周围的人。他的同事、朋友和家人常常能得到他的肯定，由衷地觉得自己很重要，故而将自己最好的一面表现出来。好多人会视他为贵人，会认为如果没有遇到这样的老板，他们就没有今天了。

如此看来，情商就领导者而言就更关键了。情商高的领导者，会率领公司同事渡过危机，掌握转折点，开创新局面。高 EQ 的总经理、董事长，更是能凝聚众人力量、整合团队的关键人物。他会让同事觉得，能在这里工作真好！

戈尔曼博士认为，领导者的情商比专业知识还重要。你觉得呢？

（本文作者为卡内基训练大中华区负责人）

世界的和谐与进步
需要更多的 EQ

张　安　平

　　人类自工业革命开始，就比较注重智商（IQ）及科技创新能力的开发。到了 20 世纪以后，这个情况似乎更变本加厉，科学的进步远远超越了人文的发展，连学校教育也是着重于专业科目的教导，比如说商学院的教育注重的是市场学、财经学、管理学等，但对于其他的软实力，例如情绪上的管理，或教导人与人之间如何相处，却并不十分注重。到了 21 世纪的今天，不难发现，全世界到处都充满了社会中的冲突和国家各部门间的冲突，可见现在我们需要的并非 IQ 的突破，而是情绪智商的发展。

　　而丹尼尔·戈尔曼这本《高情商领导力》，就谈到情绪智商的重要。这是一本关于商业管理的书，但很有意思的是，戈尔曼本身却不是学管理的。他是一位科学家、心理学家及专栏作家。他在 1995 年写了一本畅销数百万册的书《情商》（*Emotional Intelligence*），指出 EQ 比 IQ 更能影响一个人在生活与工作上的表现。这本书翻转了一般人对 IQ 的认知，这也是迄今探讨情绪智商最重要的书之一。

在（2015）新历年前，天下文化财经馆总监王谦茹小姐把这本书的稿子 Email 给我看。就在看完后，刚好有一位高级主管遇到 EQ 方面的问题，我就借花献佛，用这本书的主要论述跟他及他手下的几位主要主管沟通 EQ 的重要性。结果大家开诚布公，把问题摊开来讨论，成效好像还不错。

虽然作者并不是一气呵成写完这本书，而是辑录他在不同时间完成的文章，但书中的内容却相当完整，对从领导者的特质——自我觉察、自我管理、同情心和社交技能的重要性，到不同风格的领导者，以及领导者的情绪对组织的影响力，都提出了有力的论述。在其中我也学到了情绪科学不只是心理的，也是生理上的改变。这个新的学问就叫社会神经学，它指出社交及情绪上的管理都是属于人类本能的一部分，我们大脑中有社交回路，神经中有如同 Wi-Fi 的镜像神经元，会通过侦测他人的动作来复制对方的情绪，感觉良好时，人的表现当然会更好。

情绪智商是可以提升的

令人鼓舞的是，情绪智商跟其他的技能一样是可以学习、升级和进步的，就像一个运动员不停地练习，就可以使自己的体能跟技术得到提升；这也表示，最差的经理人只要有心的话，都可以大幅改善他管理领导的能力。此外，只要注意对内在、对外部、对别人观察及具有同情心，就可以在自己的老板、同侪、直接下属、客户，甚至家人之间打造出坚强的人际关系。重要的是，我们大脑中的神经是有可塑性的，可以随着重复的经验而改变。

书里面罗列的领导风格有六种，但也指出不同的领导风格各有优、缺点，也各有其适用的时机。所以，领导者如果能扩充领导风格的技术，而不是依赖单一的管理风格，这对组织无疑是有极大正面帮助的；研究数据也显示，领导者如能熟练四种以上的领导风格，灵活弹性地运用，就可带出最好的工作气氛和绩效表现。其实，情绪智商高就有望在公司组织或工作环境中创造"人和"，在"人和"的基础上凝聚共识，展开行动，其效果将是可预期的。而"人和"亟须仰赖各种风格的领导者带动，即使是当公司面临重整的最坏状况，也需要大家接受比较高压的方式，和衷共济，以安渡危机。

书中也提到领导者在无法激发工作热忱时，如何重新拾回他们在工作及生活上的热情，如何重新定义人生中不同的层面，包含家庭、工作、健康等。要好好思考自己的生活是否就是自己在人生中真正想活出来的价值，哪些是应该调整的，哪些是不能妥协的。经过这样的确认，清楚画出底线，就不难发现自己的热情应该投向哪一个正确的位置。

着眼于更大的善

最后书中也提到，单一组织关注的范围需要有更大的焦点和目的，例如放眼小区、社会和整个世界，将会让更多明智领导者的策略着眼于更大的善，例如使组织上的财务营收与社会上的公共福祉达成平衡；也必须把预防全球性危机当作目标，尤其应该放眼于年轻世代的未来。如果能够如此，每一个人的工作必然更有意义，世界的未来也就更有希望。

这本书对于情绪智商的重要性及如何自我管理的重点很清楚，也相当完整。对人来说，情绪的确有其重要性，人也无法避免情绪，但千万不可因为情绪影响到应该做的事情。但是这本书并不是对每一个人都适用，初进职场的人，可能不见得可以完全了解书中很多的重点，需要一点时间去体会人与人之间互动关系的复杂性。无论如何，一个人从心底绽放的笑容，是比凶神恶煞的神情更有力量的，而且，虽然原谅不能改变过去，却能扩展未来。

赫胥黎曾经说过，在这个宇宙中，我们唯一有把握可以改善的，就是我们自己。这个世界的和谐与进步需要更多的 EQ，而且每一个人都有改变自己来帮助社会和谐的本能。丹尼尔·戈尔曼的《高情商领导力》可以帮助每一个人朝和谐社会的方向努力。

（本文作者为云朗观光集团执行长）

EQ

前言

什么对于高效能的领导比较重要，是 IQ[1]，还是 EQ[2]？矛盾在于两者都很重要，但影响方式大为迥异。

无疑，在人才库庞大的前提下，IQ 是评断一个人是否有能力，或是否适合从事某项工作最好的依据，例如要胜任医学、法律、会计和高级管理这类认知复杂性高的专业，大约需要比平均智商[3]高一个标准偏差（IQ 为 115）。

---

[1] 编注：IQ，英文全名为 Intelligence Quotient，中文翻译为智力、智商。

[2] 编注：EQ，英文全名为 Emotional Quotient，与 Emotional Intelligence（简称 EI）一样，中文翻译皆为情绪智商，简称情商。

[3] 编注：一般人的平均 IQ 为 100 左右。

但是一旦坐上这些职位后，IQ 扮演成功指标的角色就逐渐退场了。关于 IQ，有一种"地板效应"（floor effect）[1]。这是指，在这些职位上的每个人，都是先因为 IQ 高而被选上的，所以无疑，他们全都相当聪明；然而，当要预测这些极聪明的人当中，谁会成为最有产能、最棒的团队成员，或是最优秀的领导者时，情绪智商就逐渐胜出了。

原因何在？因为情绪智商的技巧，也就是自我管理和管理关系的能力，正是区别杰出表现的关键技能。然而，当一个人在组织里爬得愈高，要辨别他是否为高效能的领导者时，就端看情绪智商了。

本书是我在领导学及情绪智商领域研究的结集，多半是我在美国《哈佛商业评论》（*Harvard Business Review*，简称 HBR）上所写的文章，它们也同时反映了我思考的进程。当我在 20 世纪 90 年代中期撰写《情商》时，里面篇幅较短的一章，标题是《用心管理》（Managing with Heart），其中提出一个简单的论点，就是领导者需要具备情绪智商的能力。这在当时是相当新颖且极具颠覆性的观点，但出乎我意料的是，这个观点引起

---

[1] 编注：也称"下限效应"或"低限效应"，它是指被要求完成的任务过于困难（例如测验题目太难），致使大部分个体得分普遍较低的现象。相对的概念是"天花板效应"。

了很多人的注意，特别是管理阶层人士。

在我着手搜集《情商3》（*Working with Emotional Intelligence*）的资料时，我愈来愈确信这个观点，并运用了就读于研究所时受教于戴维·麦克莱兰教授（David McClelland）的训练。当时他以"职能模型"（Competence Modeling）先驱者闻名，这是对担任某种职务且表现杰出者的特长所进行的系统性分析。我大概在各种不同的机构中，分析了将近两百个这类模型，我发现，绝大多数区别最佳领导者的职能特质，都是基于情绪智商，而非智商。

这个发现引起《哈佛商业评论》编辑群的注意，他们便邀请我写一篇文章，总结说明这个论点，篇名为《领导者的必备特质》，这也就是本书的第一章。下一篇刊载于《哈佛商业评论》的文章《高绩效领导力》，就是本书的第二章。这个章节总结了我从合益集团（Hay Group）[1]收集的、以情绪智商为基础所建构的领导风格的数据，以及这些能力对于组织内部情绪气氛的各种影响。

随着我更深入探讨神经科学领域对于关系动力学的新研究发

> 绝大多数区别最佳领导者的职能特质，都是基于情绪智商，而非智商。

---

[1] 编注：合益集团是一家全球性的人力资源管理咨询公司，总部设在费城。它的服务宗旨是协助相关组织的领导者将战略转化为实际的绩效。

现，以及它对于驱动卓越表现和高影响力关系的意义，我接续又在《哈佛商业评论》发表了一些研究论述。这些文稿也都辑录在本书中。

我最新的想法架构，已经转移到探讨领导者的专注力对绩效产生的作用。本书《领导者的三重焦点》这一章，总结了我的书《专注》（*Focus: The Hidden Driver of Excellence*）当中谈领导的部分。最后一章，则是为一本杂志（名称碰巧也叫 *Focus*）所写，由亿康先达国际公司（Egon Zehnder）[1] 出版，探讨的是领导的伦理层次。

在本书各个相关章节的后面，我也纳入几篇在个人博客中所写的短文，作为延伸探讨主题或补充说明。这些网络文章大部分首次出现在 LinkedIn（领英）上，有些则是在《哈佛商业评论》网站上。

希望本书集结的一些想法，能为读者在成为领导者的旅程中提供些许帮助。

丹尼尔·戈尔曼

2014 年 1 月

---

[1] 编注：亿康先达国际公司为全球最大的猎头公司之一，专攻猎头、管理绩效评估，以及公司治理与人才任用等领域。

1.
领导者的必备特质

情绪智商就是领导特质的同义词。

有些人或许受过世界上最好的训练，

头脑敏锐、擅长分析，而且创意源源不绝，

但是如果缺少这项特质，

仍然无法成为优秀的领导者。

每位商业人士一定都听过这样的故事：有些高智商、高技能的主管，在升迁到领导位阶后却无法胜任；而有些智商与专业够扎实，但并不特别优异的人，在被拔擢到相同的职务后，却一路扶摇直上。这些逸闻支持了众多人的信念，也就是说：要辨认出哪些人具备成为领导者的"正确条件"，其实比较像是门艺术，而非科学。毕竟，优越领导者的个人风格各有千秋：有些很内敛、善于分析，有些则勇于发表自己的见解。重要的是，不同的情况会需要不同类型的领导方式。大部分并购的公司都需要由敏锐的谈判者掌舵，然而，很多重整的企业多半需要强势一点的领导者。不过我发现，所有高效能的领导者，都有一个重要的共同点：他们都具备现在大家已知的所谓的高情商。

　　这并不是说 IQ 和专业技能不重要，它们还是很重要，但只是"门槛能力"罢了，也就是担任管理职务的基本条件。我的研究和其他近期的研究一样，强烈主张情绪智商就是领导特质的同义词。有些人或许受过世界上最好的训练，头脑敏锐、擅长分析，而且创意源源不绝，但是如果缺少这项特质，仍然无法成为优秀的领导者。

　　我和几位同僚专门研究情绪智商在职场上发挥的作用，尤其是检视领导者的情绪智商和绩效表现之间的相互关系，同时也观察情绪智商在工作上的影响。举例来说，你如何分辨某人有较高的情绪智商，或自己是否有高情商？我们会在接下来的内容中探讨这些问题，并依序讨论情绪智商的每项组成因素，让大家轮流检视自我觉察、自我管理、同情心和社交技能等方面的能力。

　　今天，多数的大企业都会聘用受过专业训练的心理学家，来发展所谓的"职能模型"，以协助其分辨、训练，以及晋升有潜力成为领导阶层的明日之星。心理学家也同时发展了较低阶职务的职能模型。我在撰写《情商 3》时，分析了一百八十八家公司的职能模型，这些大部分是大型公司或全球企业，以及政府单位。我这项研究的目标，是找出哪些个人能力驱动了机构内的优异表现，以及它们促成影响的程度。我把这些能力划分为三类：纯粹专业技能，例如会计及商业规划；认知能力，例如分析推理；以及展现情绪智商的能力，例如与其他人合作及引领改变的绩效。

心理学家为了创造部分此类的职能模型，要求公司或企业的资深经理人指认出组织中最优秀领导者的典型职能。这些专家也使用客观的评断标准，例如部门获利，来区分组织内资深层级的明星表现者与一般表现者。这些个案在专家密集的面谈及测验下，得出职能上的比较。从这个过程得到的结果，是产生了一批高绩效领导者具备的特质列表，列表上有七到十五项不等的特质，包括积极主动及策略眼光。有些职能只反映认知、智商类别的能力，或纯技术性的能力，另一些则大部分基于情绪智商能力，像是自我管理。

我在分析这些资料时，得出了很戏剧性的结果。的确，智商是优越表现的驱动力之一，其中的认知能力，例如大局思考及长期眼光，尤其重要。但是当我在评估专业技能和智商相较于情绪智商在优异表现上所占的比重时，证实了情绪智商对所有职级工作的重要性，远高于前者的两倍。另外，我的分析也显示，情绪智商在企业最高层级职务上扮演的角色愈来愈重要，在这些层级上，技术能力反而显得微不足道。

换句话说，当一个被认为是明星表现者的人职级愈高时，情绪智商的能力就愈成为他／她绩效表现的关键因素。我在比较资深领导职务的明星表现者与一般表现者时发现，将近百分之九十区分卓越表现的职能，是情绪智商因素，而非纯粹的认知能力。其他研究者也证实，情绪智商不只能区别出优秀的领导者，同时也彰显了他们在影响力上的表现。

知名人类及组织行为研究者戴维·麦克莱兰的发现，为此提供了很好的范例。在1996年一项关于全球食品饮料公司的研究中，麦克莱兰发现，在资深经理人的阶层当中，如果多数人都具备高情商，那么该部门的表现普遍超过年收益目标达百分之二十；相对地，如果部门的几位领导者不具备关键的情绪智商，该部门的表现则低于目标之下几乎相同的百分比。很有趣的是，麦克莱兰的这项发现，在该企业位于美国、亚洲和欧洲的部门都证实为真。

简单地说，这些数字说明了一个强而有力的事实，那就是，企业的成功，与领导者的情绪智商息息相关。同时很重要的是，研究也证实，如果能够采用正确的方法，我们可以培养发展自身的情绪智商。

> 情绪智商不只能区别出优秀的领导者，同时也彰显了他们在影响力上的表现。

自我觉察

　　自我觉察，是情绪智商的首要成分。只要想想数千年前，德尔斐[1]的神谕告诫我们要"认识自己"，就可以明白道理何在。自我觉察的意思，是深刻了解自己的情绪、力量、弱点、需要和动力。有强烈自我觉察的人，不会过分批判，或是抱着不切实际的希望；相反，他们对自己和别人都很诚实。拥有高度自我觉察的人，能够辨认自己如何受到自己的感觉、其他人，以及工作表现的影响。因此，有自我觉察的人，知道期限很紧迫会让自己表现欠佳，就会仔细规划，并提早完成工作。

　　另一种高度自觉型的人，则有能力跟难缠的客户一起工作，

---

[1] 编注：古希腊的神谕宣示所。

> 自我觉察，是情绪智商的首要成分。有强烈自我觉察的人……对自己和别人都很诚实……能够辨认自己如何受到自己的感觉、其他人，以及工作表现的影响。

他们能了解客户对自己情绪的影响，以及挫折感的深层原因，因而会告诉自己："那些要求太琐碎，使得我无法专注在真正需要完成的工作上。"然后便继续往前迈进，把怒气转向其他有建设性的事务上。

自我觉察的能力，还包含对自身价值及目标的了解。拥有高度自我觉察的人，会知道自己要努力的方向和原因，因此，举例来说，如果有份报酬诱人的工作并不符合他的原则或长期目标，他会坚定地拒绝。缺乏自我觉察的人，则会倾向依循过时的价值做决定，因而导致内在的混乱。有人可能工作了两年之后会说："因为薪水不错，所以我就接受了，但是这个工作对我一点意义也没有，我每天都觉得很无趣。"有自我觉察的人所做的决定，会与自己的价值观契合，所以他们工作的时候会觉得充满活力。

如何知道自己有没有自我觉察的能力？首先，也是最重要的一点就是，它代表一种真诚、坦率与实际评估自我的能力。拥有高度自我觉察的人，能够确实并开放地谈论自己的情绪，以及它对工作的影响（虽然这样的谈论并不一定是热情洋溢或深度告白般的表态）。

举例而言，我认识一家大型连锁百货公司的经理人，她对于公司即将引进的一种新式个人购物服务十分怀疑，于是在团队及老板并未要求的情况下，她率先提出以下说明："我很难参与这项服务首推的活动。"她坦承："因为我真的很想主导这个计划，但是我没有被选中，请容许我先处理自己的这个感受。"这位经理人确确实实地检视了自己的感觉；一个星期之后，她已经能够全力支持那个计划了。

这种自知之明，通常也能在聘用的过程中展现出来。你可以请应征者描述他／她曾经感觉被控制，以致后来做出令自己后悔的决定的经验。有自我觉察的应征者会坦率地承认失败，而且通常在述说的时候会带着微笑。自我觉察的典型标志之一，就是自我解嘲的幽默感。

自我觉察也可以在绩效评估时辨别出来。有自我觉察的人知道且能放松谈论他们的限制和优点，通常也渴望听到建设性的评论。相反，自我觉察度低的人，在听到自己有需要改进的空间时，会将之诠释为威胁或失败的信号。有自我觉察的人，还可以从他们的自信看出来。他们对自己的能力有坚决的把握，也不太会让有自我觉察的人……对自己的能力有坚决的把握……还知道何时该寻求帮助……他们不会要求接下自己知道无法独力负荷的挑战，而是会用自己的长项来参赛。

自己因承担过大的任务之类的因素而陷入失败。他们还知道何时该寻求帮助，对于自己在工作上要承担的责任，会经过仔细的衡量。他们不会要求接下自己知道无法独力负荷的挑战，而是会用自己的长项来参赛。

试想以下这位中阶员工受邀参加公司高阶主管策略会议时的行动。她虽然是会议室里最资浅的人，却不会静静坐在那里目瞪口呆，或极度恐惧而沉默地听着。她知道她的头脑逻辑清晰，有能力且具说服力地陈述构想，也能对公司策略提供切实的建议。同时，她的自我觉察会阻止她涉入自知较弱的领域。虽然在职场上有自我觉察的人相当有价值，但是我的研究指出，资深管理者在寻找潜在接班人时，常常低估了自我觉察的重要。很多行政主管将直接表达感受视为"懦弱"，因而无法给予坦白承认自己缺点的员工应有的肯定，以致他们通常会直接被视为"不够强悍"，无法领导其他人。

EQ   资深管理者在寻找潜在接班人时，常常低估了自我觉察的重要……因而无法给予坦白承认自己缺点的员工应有的肯定，以致他们通常会直接被视为"不够强悍"，无法领导其他人。

事实上，相反的情况也一样。首先，人通常会欣赏并尊重正直的特质；其次，领导者总是被要求能够对自己和他人的能力提出公正的评断和审判。我们有可以并购竞争者的管理专才吗？我们能在六个月内推出新产品吗？能够诚实地评估自己，也就是有自我觉察的人，非常适合对他们经营的组织提出同样的评判。

自我管理

　　生理的冲动会驱使我们产生情绪。我们无法消除情绪，却可以用很多方法管理情绪。自律就像是一场不断进行的内在对话，是情绪智商的成分之一，可以将我们从感觉的牢狱中释放出来。进行这种内在对话的人，也会像其他人一样偶尔心情不好，有情绪上的冲动，但是他们会找方法控制情绪，甚至用有效的方式疏导情绪。

　　试想有位主管刚刚看了属下在公司董事面前提交的一份拙劣的分析报告，旋即乌云罩顶，这位主管发现自己可能气得想捶打桌子或踢翻椅子，也可能会跳起来对着团队大声吼叫，或是可能保持阴郁的沉默，怒目瞪视着每个人，然后转身离开。然而，如果他有自律的天赋，就会用不一样的方法面对。他会谨慎地选择要说的话，承认团队的表现不好，但不会匆促下任何评断。然后他会退一步思考失败的原因是不是努力不够、有没有任何宽减因素。在仔细思考这些问题之后，他会召集团队，把这件事情的后果列出来，并提出他的感受。然后他会提出自己对这个问题的分析，以及一个考虑周全的解决方案。

为何自律对于领导者如此重要？首先，能够控制自己的情绪和冲动的人是理智的人，能够创造一个信任和公平的环境。在这种环境下，政治和内斗会大幅降低，生产力则会提高，有才能的人群聚在组织里，并不会轻易想离开。自律有涓滴效应的作用，当你的老板是个知名的冷静派，你不会想要建立冲动的名声。高层如果较少出现坏情绪，整个公司就比较不会有情绪震荡。

其次，自律对于竞争很重要。大家都知道，今天的商业界充满了模糊和改变，公司合并和解散司空见惯，科技以令人眩晕的速度改变工作形态，能够掌控自己情绪的人，比较能够适应这些

> EQ　　能够控制自己的情绪和冲动的人……能够创造一个信任和公平的环境……政治和内斗会大幅降低，生产力则会提高，有才能的人群聚在组织里，并不会轻易想离开。

变化。例如，当公司公布一个新的程序时，这些人不会慌乱，相反地，他们能够推迟批评，找到信息，然后聆听主管解释新的方案。当倡议命令往前进行时，这些人也能随之向前迈进。有时候他们甚至可以领导方向。

看看以下这家大型制造商经理人的案例。她和同事一样使用某种软件程序五年了，这个程序帮助她搜集和汇报数据，以及思考公司的策略。有一天，资深行政主管宣布要安装一套新的程序，这套程序将彻底改变公司内部搜集和评估信息的方式。虽然公司内有很多人强烈抱怨这项改变将带来多么惨重的损害，但这位经理人仔细考虑使用新软件的原因后，相信这套程序能够提升表现。于是，她很积极地参与训练课程，有些同事则拒绝上课。最后她被升迁，管理数个部门，部分原因就是她能有效运用新的科技。

我想再进一步强调自律对于领导的重要性，指出它对促进正直的影响。正直不只是个人的美德，也是一个组织的优势。在企业内发生的许多恶事，都是冲动行为的后果。一般人很少会处心积虑地计划夸大获利、浮报开销、挪用公款，或滥用权力来满足私欲。然而，一旦这种机会出现时，比较不能控制冲动的人则会照单全收。

举个相对的例子，有一家大型食品公司的资深主管在与当地经销商谈判的过程中始终很诚实，他通常会明白说出详细的成本结构，借此让经销商实际了解他们公司的定价方案。这个做法意味着这位主管在讨价还价时不太具有优势。有时候他会想要借由隐瞒公司成本的数据而增加获益，但是他挑战自己内心的那个冲动。他知道就长期而言，对抗冲动是比较理智的。他在情绪上的自律，换来了与经销商坚固持久的关系，带给公司的好处，远超过任何短期的财务收获。

因此，情绪自律的标志相当显而易见：内省及深思熟虑的倾向；对模糊情境及改变适应良好；以及正直，也就是有能力拒绝冲动的渴望。自律如同自我觉察，通常也没有受到足够的重视。能够驾驭情绪的人，有时会被认为像是冰库里的鱼：他们经过深思熟虑的响应，却被看成缺乏热情。具有火热性格的人，通常被视为"典型"的领导者：他们爆发的冲动，被视为领导特质和力量的标志。然而，人一旦爬到顶层，他们的冲动通常会成为阻力。在我的研究中发现，负面情绪的极端显现，从来就不是驱动优质领导的特质展现。

如果有一项特质是几乎所有高绩效领导者都具备的，那就是积极；它涵盖了多元的自我管理，能激发积极的情绪来驱策自己朝目标迈进。积极的领导者，有动力达成出乎自己和他人预期的结果；这里的关键词是达成。很多人靠外界的因素激励自己，例

> 　　如果有一项特质是几乎所有高绩效领导者都具备的，那就是积极；它涵盖了多元的自我管理，能激发积极的情绪来驱策自己朝目标迈进。

如优渥的薪水，或是显赫的头衔，或在某知名企业工作得来的地位。相反，具有领导潜力的人，是被内心深处只为成功的成就动机驱动。

　　如果你在物色领导者，你要如何区别他们是受成就动机驱策，还是被外在回馈驱策的人？第一个条件，是对工作本身具有热情。这些人会寻找有创意的挑战，热爱学习，以工作表现良好为傲。他们还会展现不竭的能量，要把事情做得更好。有这种能量的人，通常看来不能安于现状，他们对于为什么要用某种方法做事而不用另一种方法，经常存疑，也亟欲探索新的工作方法。

　　举例来说，有家化妆品公司的经理人，对于每次都必须等两个星期才能看到业务端提供销售数字感到很受挫。最后他找到一种自动电话系统，可以固定在每天下午五点进行呼叫业务，传给他们一则自动信息，要他们输入当天的通话量和业绩数据。这套系统缩短了业务的回报时间，从原本的数星期减少为后来的数小时。这个故事说明了，有成就动机的人，具备另外两项常见的特质：他们不断提升表现的水平，并且喜欢保持成绩。

先说绩效标准。在绩效考核的过程中，积极性高的人，可能会跟主管要求尽量"人尽其能"地差遣他们。当然，一个结合自我觉察与内在动力的员工，能够认清自己的能力限度，但不会满足于太容易达成的目标。所以自然而然地，积极追求更好表现的人，也会寻找让他们个人、团队以及公司发展的方法。成就动机低的人，通常对于结果得过且过；然而，具有高成就动机者，通常会以追求获益性或市场占有率等硬指标来保持佳绩。有趣的是，具有高成就动机的人即使面对不利的成绩，仍然能保持乐观的态度。在这些例子里，自律与成就动机结合，克服了落后或失败带来的挫折和沮丧。

同情心

　　在情绪智商的所有面向中，同情心是最容易辨认的。我们应该都曾感受过某位心思细腻的老师或朋友的同情，也都曾对某位麻木不仁的教练或老板缺乏同情心的现象感到不可思议。但是在商业界，我们很少听到有人因为有同情心而被称赞，更别说被奖赏。这个词似乎跟商业很不搭，与职场冷酷的现实格格不入。但是同情心的意思不是"我OK，你也OK"地敷衍了事，对领导者来说，它指的不是采纳别人的情绪变成自己的情绪，来讨好每一个人。那会变成一场噩梦，让行动难上加难。相反，同情心的意思是，在做明智决定的过程中，深入考虑员工的感受和其他因素。

　　举个以同情心行动的例子，试想当两家大型中介商合并的时候，所有部门都产生重复的职务，那会发生什么事？有位部门主管召集他的属下，发表了一场气氛低迷的演说，强调即将遭到解雇的人数。另一个部门的经理人则对属下发表完全不同的谈话，他坦承自己的担忧和困惑，也保证会让员工得知进一步的消息，并且公平对待每一个人。

这两位经理人的不同之处，就在于同情心。第一位经理人因为太担心自己的前途，以致无法考虑到其他同事也一样忧心忡忡。第二位经理人凭直觉就能了解其他同事的感受，用具有同情心的言语道出他们的恐惧。如果第一位经理人看到他部门里很多人因为士气低落而离开，特别是最有才能的那批人，难道还需要惊讶吗？相反地，第二位经理人继续担任杰出的领导者，他最棒的队友仍然留下，他的部门像往常一样，绩效卓著。

作为领导特质之一的同情心在今天显得特别重要，原因有三：团队合作蔚为趋势、全球化快速发展，以及留住人才的需求渐增。想想领导团队会面临的挑战：任何曾经带过团队的人都可以证明，团队是个情绪不断发酵的熔炉。他们通常满心希

> EQ　　作为领导特质之一的同情心在今天显得特别重要，原因有三：团队合作蔚为趋势、全球化快速发展，以及留住人才的需求渐增。

望达成共识,这对两人团队来说尚且不易,更何况人数多的时候。即使在只有四五个人的团队中,仍然会出现小团体及互相冲突的情况。身为团队领导者,必须能够察觉并了解会议桌上每个人的观点。

举例来说,当下面这家大型信息科技公司的营销经理人被指派领导一个混乱的团队时,了解每个人的观点就是她需要做到的事。这个团队很慌乱,工作超量,而且延误期限,每位成员都处于高度紧张的状态中。如果只是草草修补程序,并不能凝聚团队,为公司创造部分绩效。所以这位经理人采取了几个步骤。首先,在一系列一对一的会谈中,她花时间听取团队中每个人的意见、他们感到挫折的原因、他们如何评价同事,还有是否觉得自己被忽略了。然后她使用一个方法引导团队合一:鼓励大家更公开地谈论自己的挫败感,她则在会议中帮助他们提出建设性的抱怨。简单地说,她的同情心让她了解团队的情绪结构。结果,她不只提高了团队成员间的合作精神,也促进了业务发展,后来有范围更大的内部单位及潜在的合作伙伴请求他们支持。

同情心对企业领导者愈来愈重要的另一个因素,是全球化。跨文化的对话很容易导致失误及误解,同情心则是解药。有同情心的人会注意到身体语言的信息,他们会听到言语的弦外之音,此外,他们十分理解文化和种族差异的存在及重要性。以下这位美国顾问的案例可以为证。他的团队刚向一位潜在的日本客户推销完他们的计划。在与美国人谈生意时，当这类提案发表完毕，团队通常会受到一连串问题的炮轰，然而这次却是漫长的沉默。团队的其他成员认为日本客户的沉默代表了反对，于是收拾东西准备离开。可是这位领头的美国顾问作势要他们稍等；虽然他对日本文化并不特别熟悉，但他从客户的表情和姿势读到的信息，让他感觉对方并非拒绝，而是有兴趣，甚至是深入的考虑。结果，他是对的：客户最后终于发言了，他们决定要把案子委托这家顾问公司。

最后，同情心在留住人才这方面扮演了很重要的角色，特别是在今天的信息社会中。领导者向来需要有同情心来培养并留住好人才，但是今天这个赌注愈来愈高。当好员工离开时，他们也把公司的知识一并带走。这就是为何公司需要有教练和导师制度。不断有数据证实，教练和导师制度不只会让员工有更好的表现，也会在增进工作满意度和减少流动率上奏效。

但是，使教练和导师制度得以运作良好的主因，在于这个关系的本质。杰出的教练和导师会训练学徒思考，知道如何给予他们有效的回馈，也知道何时督促他们，表现就会更好，以及何时该保留评论。他们在激励学徒的同时，展现的是行动中的同情心。以下听起来像是重复的内容，但请容我再提醒一次：同情心在企业界并没有得到太多尊重。大家不知道，如果领导者对所有会受影响的人都抱持着同情心的话，最终该如何做决定。但是有同情心的领导者不会只对周围的人展现同情心，他们也会运用知识，用微妙却重要的方式改善公司。

社交技能

　　情绪智商的前两项成分属于自我管理技巧。最后两项——同情心及社交技能，则是关于一个人管理自己与他人关系的方法。社交技巧作为情绪智商的成分之一，并不如听起来那么简单，它不只关乎友善与否，虽然有高度社交技巧的人很少是心地不良的人。社交能力其实是有目的的友善：将他人朝你想要的方向推动，不管是同意一项新的营销策略，还是对新产品产生热情。

　　社交技巧良好的人倾向于相交满天下，他们善于与各式各样的人找到共通点。这并不意味着他们不停地社交，而是指他们在工作上的信念是：没有一项重要的事情可以靠自己独力完成。有这类特质的人在需要付诸行动时，会有一个人际网络可以待命支持。社交能力是情绪智商其他面向的顶点。人如果能控制

> 社交技巧良好的人倾向于相交满天下，他们善于与各式各样的人找到共通点……他们在工作上的信念是：没有一项重要的事情可以靠自己独力完成。

自己的情绪，并对他人的感受有同情心，就有可能非常有效地经营人际关系。

即使是态度积极，也对社交技巧有正面的帮助。之前提到，有成就动机的人比较乐观，就算面对挫折或失败亦然。当人在兴致高昂时，他们的"光彩"在对话和其他社交场合间难以掩盖。他们受欢迎不是没有原因的，因为这是另一层情绪智商面向的展现。职场的社交技巧在很多方面可供辨认，这在现在听起来已经很熟悉了。举例来说，有社交能力的人在管理团队上技巧高明，这是工作上的同情心使然。同样，他们的说服力是专家级的，这显示出他们的自我觉察、自我管理与同情心的总和。有了这些技巧，好的说服者知道何时该采用情绪攻势，何时诉诸理智会更有效。而积极性是，在众人眼前显而易见时，拥有这项特质的人会成为好的合作者；他们对工作的热忱感染了其他人，让对方也受到激励，进而寻找解决方案。

但是有时候社交技巧展现的方式，是其他情绪智商的特质无法做到的。举例来说，社交技巧熟练的人，有时候可能在工作上看似没有表现，只会闲扯，像在走道上跟同事嘻嘻哈哈，或跟一些不务"正业"的人乱开玩笑。然而，具有社交技能的人却不认为他们的人际范围应该被限制。他们能广泛地建立人际关系，是因为他们知道在这个变动的时代，有一天他们可能会需要今天才认识的人给予他们帮助。

有个案例是，在一家全球计算机制造商的策略部门有位行政主管，在 1993 年之前，他就认为公司的未来在于互联网。来年一整年内，他找到几个志同道合的人，并且使用他的社交技能设立了一个跨越阶层、部门及国籍的虚拟社区。然后他使用这个实际的团队创立了一个企业网站，这是大型公司首先设置的网站之一。然后，他又主动出击，在没有预算或正式许可之下，帮公司报名参加一个互联网产业年度会议。接着，他拜访盟友，并说服不同部门捐款赞助，最后从十几个不同的单位募集了五十多个人代表公司参加此会议。

这件事后来引起了管理阶层的注意：在参加会议的一年内，行政主管团队便成为公司第一个网络事业部门，他则被正式授命担任主管。要走到这一步，这位主管首先必须忽略传统的界限，建立并保持与组织内各层人际的连接。

社交能力是否被大多数公司认为是关键的领导能力之一？答

案是：没错，尤其是在跟情绪智商其他的特质比较时。多数人似乎直觉地认为，领导者需要有效管理人际关系，没有领导者是一座孤岛。确实如此。毕竟，领导者的任务是让其他人把工作完成，而社交能力使这件事变成可能。任何无法表达同情心的领导者，还不如没有同情心。而一个领导者的动力不会发挥效果，除非他能够将自己的热情传达给组织。社交技能让领导者能把情绪智商运用在工作上。

主张传统的 IQ 和专业技能，对杰出的领导者来说并不重要，还可能很愚昧。但是领导力的这份清单如果少了情绪智商就不完整了。情绪智商曾经一度被认为是企业领导者"有也不错"的特质，但是现在我们知道，对表现而言，这些特质是领导者"必备"的。情绪智商是可以学习的，这就算幸运了，虽然过程不会太容易，也需要花费时间，而且最重要的是承诺。然而，拥有良好的情绪智商，对个人和组织的帮助，都是值得付出代价努力取得的。

现今老板想要的
情绪智商能力

原刊登于 LinkedIn.com

2013 年 7 月 7 日

最近有人问我："情绪智商在今天的职场上，与 1995 年比起来同样重要吗？"当时我第一次以这个主题写书。

我的回答是：比以往更重要。原因是，第一，现今全球职场需要更多有前瞻性的员工，全球最好的老板也更挑剔了，他们寻找的不但是顶尖学校毕业，同时还要是拥有情绪智商能力的人。

当然，在学校的杰出表现和扎实的专业技能仍然很重要，但在今天的职场上，最好的雇主在寻找的能力更多了。据美联社财经记者保罗·怀斯曼（Paul Wiseman）所言，企业也要"有软实力的毕业生"。这些能力主要包括：

良好的团队工作能力。有位主管曾经告诉一位麦肯锡的顾问：我从来没有因为工程师的工程做得不好而开除他，但是我曾经开除过一个不会团体合作的工程师。

明确、有效的沟通。这个能力要求有强烈的认知同情心，理解另一个人如何思考。当然，好的聆听技巧也很重要。

对改变适应良好。这种弹性代表了良好的自我管理能力。

能与各种人互动顺畅。这包括消费者、客户和团队以外的人，或是来自不同文化背景的工作伙伴。

在压力下清晰思考并解决问题。结合自我觉察、专注和迅速从压力恢复的能力，可使大脑处于最佳状态，这是任何认知能力运作所需的条件。

有专业精神的学校听进去了。耶鲁的管理学院最近宣布，将在招生过程中增加一项情绪智商测验。

不过，情绪智商技巧是可以学习的。我比较喜欢我同事理查德·伯亚斯（Richard Boyatzis）在美国凯斯西储大学（Case Western Reserve University）的魏德海管理学院（Weatherhead School of Management）采用的方法，他教导商学硕士生如何提高他们的情绪智商。一旦他们学会了方法，就能继续在事业上不断提高这项能力。

如何评估自己的
领导 EQ

原刊登于 LinkedIn.com

2013 年 6 月 27 日

"你现在需要的是情绪智商。"这是上个月[1]中国新任总理[2]在一所顶尖科技大学的毕业典礼上告诉毕业生的话。

现在《彭博商业周刊》（*Bloomberg Businessweek*）报道，耶鲁大学管理学院在入学要求上增加一项 EQ 测验。你的 EQ 如何呢？

跟智商一样，情绪智商有几种理论模式，每一种都有各自的研究结果支持。我提议的这种，在预测实际商业表现上成效良好，它检视的是以情绪智商为基础的一套领导职能，每一项都能帮助

---

[1] 编注：2013 年 5 月。

[2] 编注：李克强。

领导者提升绩效。

这里有几个问题，可以帮助你检视自己情绪智商的多项优势及限制。这不是情绪商数的"测验"（test），而是一种"尝味"（taste），帮助你思考自己的职能：

你通常能察觉自己的感觉，以及为何会有那种感觉吗？

你知道自己作为一个领导者的不足，以及个人的优势吗？

你能够有效管理自己沮丧的情绪吗？例如，当你生气或有压力时，可以很快恢复吗？

你能够很顺利地适应现实情况的改变吗？

你能够专注于自己主要的目标，知道应该采取什么步骤达成吗？

你通常能察觉与你互动的人的情绪，了解他们看事情的角度吗？

你有说服别人的才能，并能有效运用你的影响力吗？

你能够引导谈判达成令人满意的协议，并且帮忙解决冲突吗？

你能够与团队合作无间吗？还是比较喜欢独立工作？

好消息是：情绪智商的职能是可以提升的。

2.

高绩效领导力

领导者能展现的领导风格愈多愈好。

熟习四种形式以上的领导者，

特别是权威型、民主型、联系型及教练型，

能够带出最好的工作气氛和事业表现。

而绩效最好的领导者能够视其需求，

在各种领导风格间弹性转换。

如果你问任何一群商业人士："高绩效的领导者会做什么？"你可能会听到一票答案：领导者制定策略、激励属下、创造使命、建立文化。

然后再问："领导者应该做什么？"如果这群人很有经验，你可能会听到这样的回答：领导者唯一的任务就是追求绩效。

但是怎么做？领导者能够且应该怎么做，才能激励属下有最佳的表现？个中奥秘，可以说长久以来都无人能解。有一个原因是，截至目前，几乎没有任何量化的研究，可以证明哪一项领导特质最能产生高效能的表现。

领导学专家基于推论、经验和直觉，提出了一些建议。有时候那些建议十分受用，有时候则不然。

黑麦博顾问公司（Hay/McBer）从全世界两万多个行政主管中，随机采样三千八百七十一位主管，揭开了许多高绩效领导的神秘色彩。研究发现六种特殊的领导风格，每一种都由不同的情绪智商结构组成；分别检视这些风格你会发现，似乎各种风格对企业、部门或团队的工作气氛都有直接且特殊的影响，而且最后还会影响到企业的财务表现。而研究也显示，最重要的一种可能性是，绩效最好的领导者不只凭借一种领导风格；在一星期当中，他们通常使用多种或大多数的领导风格，天衣无缝，且程度不同，端视商业情况所需。

想象这些不同的领导风格，就像专业高尔夫球选手球具袋中的各式球杆一样。在比赛中，选手依据挥杆的需求，挑拣并选择球杆，有时候他必须思索之后再决定，但通常是自然的反射动作。专业选手感知眼前的挑战，迅速抽出正确的工具，优雅地运用它。这也是影响力大的领导者的工作方式。

这六种领导风格是什么呢？每一种风格从名称和简短的叙述来看，可能会跟任何一位领导者或被领导者产生共鸣，或者和我们大多数人一样，同时是领导者和被领导者。权威型的领导者激励他人朝愿景前进；联系型的领导者创造情感联结及和谐；民主型的领导者通过参与建立共识；领先型的领导者期待卓越及自我引导；教练型的领导者培育未来人才；高压型的领导者则要求立刻顺从。

闭上眼睛，你一定可以想到某个同事属于上述其中一种风格。你自己也很可能至少使用其中一种。所以，这项研究的创新之处在于它蕴含了行动。首先，它对不同类型的领导风格如何影响表现和绩效，提供了精辟的解说；其次，它对于经理人在不同风格之间的转换，也提出清楚的指导。同时，这份研究也强烈暗示我们最好能够弹性地转换风格。这份研究的另一个新发现是，每一种领导风格都是从不同的情绪智商特质中衍生出来的。

> EQ　　权威型的领导者激励他人朝愿景前进；联系型的领导者创造情感联结及和谐；民主型的领导者通过参与建立共识；领先型的领导者期待卓越及自我引导；教练型的领导者培育未来人才；高压型的领导者则要求立刻顺从。

测量领导者的影响

已故的戴维·麦克莱兰是知名的哈佛大学心理学教授,他发现,领导者拥有六项或以上关键的情绪智商职能强项, 比起不具有这些强项的同僚绩效表现更好。举例来说,当他分析一家全球食品及饮料公司部门领导的效能时,他发现拥有这类关键职能的领导者之中, 根据绩效,百分之八十七名列年度薪资及红利最高的前三分之一。更显著的现象是,他们的部门平均超越每年营收目标达百分之十五到二十。

那些缺乏情绪智商的主管很少在年度绩效考核时被评为优等,他们的部门绩效也平均低于目标将近百分之二十。对领导风格的这份研究持续发展,因而得出了关于领导特质、情绪智商,以及工作气氛与表现之间关联性的更深入的观点。麦克莱兰的同事所组成的一个团队，由现今麦克莱兰研究院在波士顿的合益集团办公室的玛丽·方坦（Mary Fontaine）及露丝·雅各布斯（Ruth Jacobs）主导，负责观察并研究关于数千位主管的资料，得出特定行为对工作气氛影响的结果。

例如，每个类型的领导者如何激励下属直接报告？如何掌控改变方案？如何做危机处理？这份研究的后半段，则指出情绪智商为何能驱动这六种领导风格。这些领导者如何评价自我控制及社交技巧？他们有还是没有高度的同情心？这个研究团队还测试了每位主管直接影响工作气氛的领域。

"气氛"不是一个无形的词语。它最先被心理学家乔治·利特温（George Litwin）及理查德·斯特林格（Richard Stringer）定义，后来被麦克莱兰及其同事再精确化。它指出影响组织工作环境的六项关键因素：第一，弹性，也就是员工感受到创新时不被规定限制的自由程度；第二，员工对组织的责任感；第三，员工设定的标准等级；第四，绩效回馈的准确性及奖酬的适当性；第五，员工清楚了解使命及价值的程度；最后，对于共同目标的承诺度。这六种领导风格对于工作气氛的每个面向，都具备了可评量的影响。

此外，研究团队还检视了工作气氛对于财务结果的影响，诸如业务营收、利润增长、效率及获利性，发现两者之间有直接的关联。运用正面效应影响工作气氛的领导者，财务数字明显比没有运用者好得多。这并不是说组织的气氛是员工表现唯一的驱动力，经济状况和竞争动能也有很大的关系，然而，这份分析强烈显示，工作气氛影响近三分之一的成效。这种影响程度高到不容小觑。

　　行政主管一般使用六种主要的领导风格，但是其中只有四种会持续对工作气氛和绩效产生正面效应。以下将仔细探讨每一种领导风格，先从权威型（洞见型）的领导风格开始。

> 行政主管一般使用六种主要的领导风格，但是其中只有四种会持续对工作气氛和绩效产生正面效应。

权威型领导风格

汤姆是一家专门卖比萨、前途飘摇的全国连锁餐厅的营销副总。不用说，这家公司表现不佳，令公司几位资深经理人非常头痛，但是他们完全束手无策。每个星期一，他们都会开会检视近期销售业绩，努力找出解决办法。对汤姆来说，这种做法毫无道理。"我们永远都在想办法找出上周业绩不好的原因。我们让整个公司不断往后看，而不是去思考明天应该做什么。"

汤姆在一次异地策略会议上，看到改变人们思考方式的机会。当时，谈话一开始是枯燥的陈词滥调：公司必须提高股东收益，增加资产获利等。汤姆认为，这些概念不足以激励餐厅经理人创新，或是让他们有卓越的表现。

因此汤姆采取大胆的一招。在会议进行到中途时，他慷慨激昂地请求同事从客户的观点思考。消费者要的是方便，他说，公司不是在经营餐厅，而是销售高质量、方便取得的比萨，这个想法应该是公司所有做法的驱动力，而不是任何其他的因素。

汤姆以他活力四射的热忱和清晰的洞见，填补了公司的领导真空，而这正是权威型领导风格的典型特质。确实，他的概念成为新使命宣言的核心。但是这个概念上的突破只是开始。汤姆着手落实这份使命宣言进入公司的策略规划程序，作为企业成长的指定推手。他确保这个愿景被详细言明，以使地区餐厅经理人了解他们是公司成功的关键，并且可以自由开发销售比萨的新方式。

改变很快就发生了。几周内，多位地区经理人开始增加快递次数，更好的是，他们开始像企业家一样行动，找到有创意的地点开设新的分店，像在繁忙街道的转角、客运站和火车站的报摊，甚至在机场和旅馆大厅设置推车。

汤姆的成功不是侥幸。研究显示，在六种领导风格中，权威型的领导是最有效、最能带动工作气氛中各个面向的一种。就清晰而言，权威型领导者是洞见家；他让人清楚地知道自己的工作是更大的组织愿景拼图中的一块，借此激励员工。为这类领导者工作的人，会了解自己做的事很重要，以及为什么重要。

权威型领导者也会将对组织目标及策略的承诺最大化。权威

> 权威型领导者是洞见家；他让人清楚地知道自己的工作是更大的组织愿景拼图中的一块，借此激励员工。为这类领导者工作的人，会了解自己做的事很重要，以及为什么重要。

型领导者借由以宏观的视野架构个人任务的方法，定义了以大愿景为中心的标准。当他给予表现回馈时，无论是正面还是负面，唯一的评核标准就是该表现是否推动此愿景。因此大家都很清楚成功的标准，奖励也是。

最后，论及领导风格对弹性的影响。一个权威型的领导者会明确说明目标，但通常也会给人很多空间去设计他们自己的方法。权威型领导者给予属下去创新、实验和衡量冒险的自由。权威型领导的正面效应，使它几乎在任何商业情况下无往不利，尤其对于正在摸索方向的企业特别有用。权威型领导者会开辟新路，用新颖的长期愿景吸引别人为他效命。

权威型领导虽然也许很有效益，却不是在每种情况下都适用。当一位领导者与一群比他更有经验的专家或同僚一起工作时，这类领导方式就不管用了，因为团队成员可能会把他看成浮夸或状况外的人。另外一个限制是：如果尝试成为权威型领导的经理人变成了自负型的领导者,他可能会破坏使团队有效益的平等精神。然而即使有这类警告,领导者若能经常握着权威的"球杆",还是比较聪明的。也许不保证"一杆进洞",但是对于长期发展一定会有帮助。

教练型领导风格

　　一家全球计算机公司的业绩下滑，从原本超过竞争对手的两倍，到仅剩对方的一半，所以该公司制造部负责人劳伦斯决定裁撤一个单位，重新聘人与革新产品。听到这个消息后，遭殃的单位主管詹姆斯决定越过顶头上司，直接案呈总裁。

　　而劳伦斯做了什么？他并没有气急败坏地对詹姆斯大发雷霆，反而是坐下来，跟这位叛逆的直接呈报者不只讨论裁掉部门这个决定，还有詹姆斯的未来。他对詹姆斯解释，换到另一个部门将有助于他学习新技能，使他成为更优秀的领导者。劳伦斯还教给他更多关于公司的业务。劳伦斯的行为比较像辅导型，而不是传统型的老板。

　　他听取詹姆斯的顾虑和期望，然后分享他自己的看法。他说他相信詹姆斯在目前的职务上已经僵化了，毕竟这是他在公司里唯一待过的单位。他预期詹姆斯在新的角色上会展现一番新的气象。这场谈话接着转了个弯，回到实际的问题上。

詹姆斯其实还没有跟总裁面谈，虽然他一听到关掉部门的决定，就冲动地要求去见他。劳伦斯知道这件事，也清楚总裁支持关掉部门的决定不会动摇，他找时间教导詹姆斯如何在那场会议中说明他的案子。"你不常有机会跟总裁面谈，"他说，"我们要确保你的深思熟虑可以打动他。"

他建议詹姆斯不要提出个人的情况，而是专注在事业上："如果他认为你去找他是为了个人的利益，那他把你踢出去的速度，会比你走到门边还快。"然后他督促詹姆斯把想法写下来——总裁永远都欣赏这个做法。

劳伦斯采用教导而非责备的理由是什么？"詹姆斯是一个好人，非常有才华，也很有前途。"这位负责人对我们解释，"我不希望这件事会影响他的事业，我想要他留在公司，我想要他能解决问题，我想要他继续学习，我要他从中获益和成长。他搞砸了，并不代表他这个人不可救药。"

劳伦斯的行动，示范了最棒的教练型领导风格。教练型领导者会帮助员工找出自己独特的长处及弱点，并将它们与其个人及事业上的企图心结合。他们鼓励员工设定长期发展目标，而且帮

> EQ　　教练型领导者会帮助员工找出自己独特的长
> 处及弱点，并将它们与其个人及事业上的企图心结
> 合。……教练型领导者非常擅长授权；他们给员工
> 有挑战性的任务……如果有助于员工长期的学习，
> 这些领导者愿意忍受短期的失败。

助他们构想达成目标的计划。在制订发展计划的过程中，他们与
员工商议其角色和职责，并给予大量的指导和回馈。

教练型领导者非常擅长授权；他们给员工有挑战性的任务，
即使那代表任务不会很快完成。换句话说，如果有助于员工长期
的学习，这些领导者愿意忍受短期的失败。

在六种领导风格中，我们的研究发现，教练型的领导方式最
少被使用。很多领导者告诉我们，在如此高压的经济情况下，他
们没有时间去做这么缓慢而枯燥的工作，去教导和帮助别人成长。
但是上过第一课之后，他们几乎可以花很少甚至不用额外花时间
就能做到。忽略这种风格的领导者错失了一项有力的工具：它对
于工作气氛和表现有惊人的正面影响。

不可否认的是，教练方法对于商业表现的正面影响有一个
矛盾点，因为教练主要专注的是个人发展，而非与工作直接相

关的任务。即便如此，教练仍可提升成果，原因是：需要不断地对话，而那样的对话可以鼓舞每一个能推进工作气氛的人。就弹性而言，当一个员工知道老板注意他，而且关心他做的事，他会觉得可以自由实验，因为他确定可以得到快速且有建设性的响应。

同样，教练式不断进行的对话，可确保人们知道自己被期待达成什么目标，以及他们的工作如何符合更大的愿景或策略，这会影响责任感和明确度。教练式风格也以承诺达成效益，因为这个风格隐含的信息就是："我相信你。我投资在你身上，我也期待你尽最大的努力。"员工通常会用身、心、灵整体迎接那样的挑战。

教练式领导风格在很多商业情况下都收效良好，尤其是当要带领的团队成员已经"准备好了"的时候。举例来说，当员工已经意识到自己的弱点，也愿意提升表现的时候，教练式领导风格特别有效。同样，当员工明白培养新的能力可以帮助他们进步时，这种领导风格的效果最好。简单来说，这个方式对于愿意被训练的员工来说最有效。

相反，当员工不管为了什么原因，抗拒学习和改变做法时，教练式领导风格就行不通了。如果领导者缺乏持续协助员工的技能时，这种方式也会失败。事实是，很多经理人不熟悉或根本没有教练技术，特别在于持续对员工的表现给予激励，而非制造恐惧或漠然的回馈。

有些公司已经明白这种领导风格的正面效用，且正试图将它当成核心职能之一。有些公司很大一部分的年终奖励与主管如何培养自己的直接下属相关，但是还有很多组织尚未能好好利用这类领导风格。虽然教练型的领导者可能不会大张旗鼓地宣告"业绩增长底线"（bottom-line results），但是他们多半能够达到目标。

联系型领导风格

　　如果权威型领导者强调"跟随我"，那联系型领导者的中心思想则是"员工优先"。这种领导风格以人为中心；支持这种风格的人，重视员工的个人和情感胜于他们的任务和目标。联系型领导者努力让员工开心，创造他们之间的和谐。他的管理方式是借由建立强固的情感联结，从中获得好处，也就是极度忠诚。

　　这种风格在沟通上也有很明显的正面作用。彼此互相喜欢的人会讲很多话，他们分享想法，分享灵感，而这种领导风格会提高弹性；朋友彼此信任，允许习惯性的创新和冒险，弹性程度也提高了。因为联系型的领导者像为逐渐成熟的青少年调整家规的父母亲，不会对员工完成工作的方法施加不必要的约束。他们给员工自由，按照员工自己认为最有效的方法完成任务。

> （联系型领导者）重视员工的个人和情感胜于他们的任务和目标……他的管理方式是借由建立强固的情感联结，从中获得好处，也就是极度忠诚。

联系型领导者给予足够的正面回馈，提供肯定感及优良表现的奖励。这种回馈在职场上特别有效，因为实在太少见了：除了年度考评，大部分人通常不会得到对于每日努力工作的回馈，甚至可能只有负面回馈。这使得联系型领导者的正面话语更加激励人心。

最后，联系型领导者是建立归属感的大师。举例来说，他们很喜欢用一餐饭或喝杯饮料的方式，进行一对一的直接接触，好知道员工的情况。他们会带个蛋糕去庆祝团队的成功。他们是天生的关系建立者。

乔·托雷（Joe Torre）一度是纽约洋基队的灵魂人物，他就是典型的联系型领导者。1999年世界职业棒球大赛期间，托雷很称职地照顾球员，在进行激烈的冠军赛时，他们的情绪处于高压锅般的状态。在整个赛季里，他不断强调对斯科特·布罗修斯（Scott Brosius）的赞扬：斯科特的父亲在该赛季过世了，但他却在哀悼父亲的同时，还继续投入比赛。

在球队终场比赛后的庆功宴上，托雷特别提到另一位球员，右外野手保罗·奥尼尔（Paul O'Neill），他虽然当天早上接到父亲的死讯，却选择留下，参与那场关键性的比赛；比赛结束的当下，他随即潸然落泪。托雷特意肯定保罗个人内心的挣扎，称他为"战士"。托雷还使用庆功宴的镁光灯聚焦赞扬这两位球员；他们因为合约纠纷，来年归队将面临威胁。他的做法清楚地传递了一个信息给团队和球队的老板：他非常重视球员，不想失去他们。

除了照顾手下的情绪，联系型领导者也可能公开关注自己的情绪。当年托雷的弟弟在死亡边缘，等待心脏移植，他也和球员透露了他的担忧。此外，他也坦白告诉球队他正在治疗前列腺癌。联系型领导风格通常能带来正面效应，是很好的适用于全体的方法。领导者在尝试建立团队和谐、提振士气、促进沟通或修补信任时，特别应该使用这种领导方式。

举例来说，有位主管获聘来取代之前冷酷的团队领导。前任的领导者把员工的工作视为理所当然，且试图挑起成员间的对立。他的做法最后失败了，但是已使团队千疮百孔、彼此猜疑。这位新主管努力修复这个情况，他毫不保留地展现自己真实的情绪，并重新建立关系。不出几个月，他的领导已经创造了对承诺和能力的全新感知。

联系型领导风格虽然有许多好处，但不应该单独使用，因为这类型的领导者特别注重赞扬，可能会使不佳的表现被忽略，员工可能会感觉表现平庸也可以被容忍。而且因为联系型领导者很少提供建设性的忠告让下属改善，所以员工必须自己设法改进。当他们需要清楚的指示来完成复杂的挑战时，联系型的领导风格会让他们茫然无措。

确实，如果过度倚赖这个风格，或许团队真的会驶入死角。也许这就是为何许多联系型领导者，包括托雷，会将这个风格与权威型领导风格紧密连接。权威型领导者提出愿景、设立标准，并且让员工知道他们的工作正在推动团体目标。将这种方式与关怀、滋养的联系型领导方法交替使用，会有很大的加乘效果。

民主型领导风格

　　玛丽修女在某个大都会地区经营一个天主教学校系统。其中一所学校是在贫穷小区的唯一私校，已经连续数年亏损，院方已经无力支应开放学校所需。当玛丽最后接到命令必须关闭学校时，她并不是锁上大门就了事。

　　她召开了会议，邀请所有教师和员工参与，向他们解释财务危机的细节。这是该校所有员工第一次参与学校运营端的事务。她请教他们继续开放学校的办法，以及万一真的需要关闭时应该怎么做。玛丽修女花很多时间在会议上聆听意见，她在后来与家长及小区的会议，以及与学校老师和教职员一连串的会议中依然如此。

　　经过两个月的开会，大家已有了很明确的共识：学校必须关闭。将学生转到其他天主教学校的计划已经拟定，最后的结果，其实跟玛丽修女在接到学校停办命令的当天就关闭学校并无不同。但是经由学校各关系人集体做出决定，玛丽修女并未受到关闭学校这类举措可能面临的反对声浪的波及。大家痛惜失去这所学校，但是也了解这个必然性，所以几乎没有一个人反对。

我们研究的另一位管理天主教学校的神父，他也被告知要关闭学校。他按照命令就关闭了学校，结果却很凄惨：家长提出控诉，老师和家长示威抗议，当地报纸社论也抨击他的决定，经过一年才平息争议，关闭学校。

玛丽修女用行动示范了民主型领导风格及其优势。借由花时间听取众人的意见并拉拢关系，民主型领导者建立了信任、尊重和承诺。让员工有权利对影响他们的目标和工作方式发表意见，这位民主型的领导者提升了弹性与责任。而借由听取员工的顾虑，民主型领导者学习到如何维持高昂的士气。最后，因为在民主系统运作下的人可以对设定目标及评量成功的标准参与意见，所以他们对于能够及不能够达成的事项，倾向于拥有非常实际的看法。

然而，民主型领导也有缺点，这也是它对工作气氛的影响不如其他几种领导风格的原因。它比较令人头痛的后果之一，是可能开了无数次的会议集思广益之后，共识仍然不明，唯一可见的成果是排满更多的会议。有些民主型领导者使用这种风格来拖延

> 借由花时间听取众人的意见并拉拢关系，民主型领导者建立了信任、尊重和承诺。……然而，民主型领导也有缺点……它比较令人头痛的后果之一，是可能开了无数次的会议集思广益之后，共识仍然不明……

重要决定，期望足够的研商事务最终能够产生炫目的洞见。事实是，大家最后可能感觉困惑，像群龙无首一般，这种方式甚至可能恶化冲突。

何时是使用民主型领导风格的最佳时机？当领导者无法确定自己未来最好的方向，需要有能力的员工给予意见和指引时，使用这种领导风格最为理想。而且即使领导者有强大的愿景，民主型的领导风格对于产生执行愿景的新构想也相当管用。当然，如果员工能力或信息不足，无法提供有效建议时，民主型风格相形之下就行不通了。而且几乎理所当然的是，在危机时期要建立共识，简直就像缘木求鱼。

我们来看以下这个案例中的执行长。他的公司在市场变化下面临严重的威胁，而他对于应该采取何种应对措施，向来倾向于寻求共识。当竞争者偷走消费者，而且消费者的需求转变时，他继续指派委员会思考对策。当市场因为出现新科技而突然转向，这位执行长也在轨道上动弹不得。

在他还没来得及指派另一个团队研讨此事的情况下，董事会就将他撤换了。新的执行长有时候是民主型和联系型的领导，但是有着非常浓厚的权威型领导风格，特别是刚上任的前几个月。

领先型领导风格

　　领先型领导风格在领导者的技能中有其重要性，但是必须适可而止。这个发现超出我们的预期，毕竟，领先型领导风格的典型特征听起来很令人佩服。领先型领导者设定极高的表现标准，并亲身示范。他执迷于把工作做得更好、更快，也如此要求身边每一个人。他很快就能指出表现较差的人，并且对这些人提出更多要求；如果他们无法趁势而起，他就会去找能力够的人取而代之。

　　你会认为这种方式能够提升绩效，但实际上并不会。这种方式实际上会破坏工作气氛。很多员工对于这类领导者要求卓越这一点感到吃不消。工作指导原则可能在领导者的脑中很清楚，但他们并没有清楚陈述出来，而是期待员工自己知道该怎么做，甚至认为："如果我必须告诉你，那么你就不是适合这份工作的人。"

> ⓔ　　领先型领导者设定极高的表现标准……很快就能指出表现较差的人，并且对这些人提出更多要求；如果他们无法趁势而起，他就会去找能力够的人取而代之……这种方式实际上会破坏工作气氛。很多员工对于这类领导者要求卓越这一点感到吃不消。

　　工作变成不是循着清楚的方向，尽自己最大的能力，而是猜测领导者要什么。同时，员工通常觉得领先型领导者不信任他们用自己的方法做事或采取主动。弹性和责任感消失无踪；工作变成专注于完成任务和例行公事，以至于枯燥乏味。至于奖赏，领先型领导者不是对员工正在做的事毫无回馈，就是当他认为他们进度落后时便跳进去接手。如果领导者要离开，下属反而会觉得失去方向，因为他们太习惯让"专家"设定规则。最后，在领先型领导者的治理下，员工的承诺缩水了，因为他们不知道自己个人的努力与大愿景有什么关系。

　　领先型领导风格的案例，可以借以下这家大型制药公司研发部的生化专家萨姆来做说明。萨姆卓越的技术能力让他很早就发迹，每个人需要帮助时都会去找他。很快地，他就被擢拔到管理一个研发新产品的团队。团队里其他的科学家都跟萨姆一样有能力而且很积极；身为团队领导，他用的方法就是让自己成为在极大的期限压力下，做出一流科学成果的模范，有需要时就奋力投入。他的团队以创纪录的时间完成了任务。

但是之后出现一个新的任命：萨姆被指派主导整个部门的研发。当他的任务增加，他必须清楚说明愿景、协调计划、分配职责，以及帮忙培养其他人时，就开始表现出退步了。他不相信手下跟他一样有能力，于是变成事必躬亲的管理者，过分执着于细节，当别人的表现落后时他就接手。萨姆不相信给他们指引和培训他们就会进步，而是发现自己插手接管一个研发团队摇摇欲坠的工作之后，除了晚上加班之外，周末也得加班。最后，幸好他的老板建议他最好回去做之前产品研发团队的领导。

虽然萨姆表现不好，但是领先型领导风格并非总是灾难一场。如果员工很自动自发、能力很强、只需要很少的指示和协调，那么这种风格的效果很好，例如对高技术和自我鞭策的专业人士，像研发或法律团队。而且，以领先型领导方式领导专业团队时，可以做到准时，甚至超前完成工作。然而，就像任何类型的领导风格一样，领先型的领导方式也不能单独运作。

高压型领导风格

一家计算机公司正处于危机状态，业绩和利润都下跌，股价也迅速贬值，公司股东全都气得跳脚。董事会找来一位新的执行长，他以"重整公司艺术家"闻名。他一上任就裁撤职务，卖掉部分单位，并做了几年前就应该执行的困难决定。最后，这家公司被挽救了，至少短期内看来是如此。但是从一开始，这位执行长就建立了恐怖统治，欺凌并贬抑他手下的主管，他们稍微出错就得遭受他的大声咆哮。公司上层也都被他压制，不只因为他难以预料地开炮，也因为他性格上的缺失。这位执行长的直接下属因为害怕他习惯性地责骂传递坏消息给他的人，就干脆什么消息也不告诉他。最后，员工士气跌到谷底。这个事实反映在业绩短暂复苏后再度下滑。这位执行长最后被董事会开除。

其实我们不难了解为何在所有领导风格中，高压型（命令型）的领导方式在大部分情况下效果最差。我们从这种领导风格对组织的工作气氛产生的影响就可想而知。弹性是最受影响的一环。领导者极端的上对下决策方式，扼杀了下面员工许多新的创意。如此一来，员工容易感到非常不受尊重，于是认为："我根本就不会提出我的构想，因为它们只会被毙掉。"同样，员工的责任感也随风而逝，他们变得无法去完成自己主动的想法，失去所有权感，甚至觉得不太需要对自己的表现负责。有些人则感到怨恨而产生这种心态："我才不要帮这个浑蛋。"

高压型领导风格也对奖励制度有破坏性的作用。大部分表现优异的员工工作的动力并不只是钱，他们也要从把工作做得很好当中寻找满足感。然而，高压型的领导风格却腐蚀了这份骄傲。最后，这种风格会颠覆领导者最重要的工具之一：让员工明白他

> 高压型（命令型）的领导方式在大部分情况下效果最差……领导者极端的上对下决策方式，扼杀了下面员工许多新的创意……员工的责任感也随风而逝……甚至觉得不太需要对自己的表现负责……只有在几种万不得已的情况下才适合使用……

们的工作属于共同使命中哪一个部分，从而加以激励。这种损失，以明确性和承诺不足来衡量，将使员工跟自己的工作疏离，疑惑着："这其中有任何重要性吗？"

受此高压型领导风格的影响，你可能会认为绝对不要使用这种方式，然而，研究却发现，在某些情况下它运作得非常好。

举例来说，某部门的负责人被延揽进食品公司，为的是改变该公司正在亏损的情况。他做的第一件事就是拆掉行政会议室。对他而言，这个房间里面的长条大理石桌看起来就像"星际迷航企业号"的甲板，象征传统束缚的形式主义，使公司瘫痪。毁掉会议室后，接着搬迁至较小的、非正式的空间，以便让每个人都可以清楚收到传递的信息，所以这个部门的文化随之迅速改变。

说到这里，使用高压型领导风格需要格外谨慎，而且只有在几种万不得已的情况下才适合使用，例如公司重整，或即将发生不利的接管时。在这些情况下，高压型领导风格可以打破无效的商业习惯，使公司成员因为受到震撼而转换成新的工作方式。在真正的紧急情况出现时，这么做永远是恰当的，比如处理地震过后的余震或是火灾时。而且对于有问题的员工，当一切方法都不管用时，这一招应该有效。

然而，如果领导者只倚靠这种管理风格，或是紧急情况过去后仍继续使用它，那么他长期对属下士气和感受的麻木不仁，将招致严重的后果。

领导者需要很多风格

　　包括我这份研究在内，很多研究都显示，领导者能展现的领导风格愈多愈好。熟习四种形式以上的领导者，特别是权威型、民主型、联系型及教练型，能够带出最好的工作气氛和事业表现。而绩效最好的领导者能够视其需求，在各种领导风格间弹性转换。虽然这听起来很吓人，但是我们看到这种例子的概率比你想象的高，不论大企业还是很小的创业新秀。有经验的资深老手能够解释他们如何领导、为何领导，宣称只靠胆识领导的企业家也是如此。

　　这种领导者不会机械化地使领导风格符合一张特定状况的检查表，他们非常灵活。他们对于自己对别人的影响特别敏感，会不着痕迹地调整领导风格来取得最佳结果。举例来说，这些领导者可以在谈话的头几分钟，就读出一位有才能但表现不如预期的员工已经被某个不具同情心、颐指气使的经理人挫伤了士气，需要提醒他为何他的工作很重要，以激励他。或者，领导者会选择询问他的梦想和渴望，找出方法使其工作更有挑战性，借此激励他。又或者谈话一开始，就可能显示这位员工需要的是最后通牒：改进或是离开。

以下是将灵活的领导风格展现于行动的一个案例。一家全球食品及饮料公司主要部门的总经理乔安妮，在部门深陷危机时被指派上任，公司当时已经六年未达获利标准，最近几年的营收已亏损五千万美元。高层管理团队的士气惨淡，不信任及憎恨的氛围甚嚣尘上。

乔安妮的老板给她的指示很清楚：让部门起死回生。乔安妮使用的方法是敏捷地转换各种领导风格，这非常少见。打从一开始，她就明白时间有限，不容她慢慢展现有效领导及建立关系和信任。她也清楚她急切地需要知道哪些做法是行不通的，所以她的第一个任务是去听关键人物的说法。

她刚到任的第一个星期，就与管理团队每一位成员进行午餐及晚餐会议。乔安妮努力取得每个人对现况的了解，但是她的焦点不是去学习每个人如何诊断问题，而是去认识每位经理人本人。在这里，乔安妮展现了联系型领导风格：她去发掘他们的生命、梦想和渴望。

她接着担纲教练的角色，寻找方法协助团队成员完成在职业生涯中想要达成的目标。举例而言，有位经理人不断收到他在团队表现不佳的回馈，于是对她吐露内心的忧虑，他觉得自己是团队的良好成员，却持续为抱怨所苦。乔安妮了解他是有才华的主管，也是对公司有价值的人才，于是与他协议，在他的行动破坏他作为团队一分子的目标时，会向他（私下）指明。

她在这次一对一的会谈后，接着举行了三天在公司外部的会议。她的目标是建造团队，好让每个人对于出现的商业危机都尽可能提供解决办法。她起初在外部会议采取的是民主型领导者的立场，鼓励每个人自由表达内心的挫折感和抱怨。

隔天，乔安妮让团队聚焦于解决方案：每位成员对于必须采取的行动提出三项提案。乔安妮汇集所有意见，关于业务的优先需求便出现了自然的共识。团队找出确切行动方案的同时，乔安妮也获得了她寻找的承诺和支持。

当达成这样的共识后，乔安妮转换为权威型领导风格，将后续步骤分派权责给特定主管，要他们负责监督完成。例如，部门的产品价格持续下跌，产量却未增加，一个明显的解决方案是提高价格，但是前任业务副总却慌了手脚，让问题恶化，新任业务副总现在要负责调整价格来解决问题。

接下来数个月，乔安妮主要采取权威型领导姿态。她继续说明团队新的愿景，提醒每位成员：为了达成这些目标，各自的角色都非常重要。而且，特别在实施计划的前几周，乔安妮觉得，因业务危机的迫切性，如果有人无法担起自己的责任时，她有必要偶尔转换为高压型领导方式。她这么说："我对后续的追踪必须态度残忍，好让事情可以做成。那需要纪律和专注。"

结果，工作气氛的每一个层面都改善了。大家开始创新。他们讨论部门愿景，并且高调地把自己的承诺与新的、清楚的目标结合。乔安妮灵活的领导风格，最后印证在白纸黑字上：她只花了七个月，就让部门盈利超过了年度目标的五百万美元。

扩充你的专长

　　当然，很少领导者具备全部六种领导风格，更少人知道应该何时及如何使用它们。事实上，这些研究已发布给许多组织的领导者，最常得到的响应是："可是我只有其中两种风格！""我不会运用所有这些风格。那不自然。"

　　这些反应都可以理解，而且在一些情况下，解答相当简单：领导者可以成立一个团队，其中成员能运用他所缺乏的风格。以某个制造企业的副董为例，她大致上以联系型领导风格成功经营一个全球工厂系统。她一直在外面跑，跟工厂的经理开会，处理他们急迫的问题，让他们知道她很关心他们每个人。

　　她把部门的策略——极高效率——托付给她信任的一位熟知科技的人，并将绩效标准分派给一位擅长权威型领导方式的同僚，她的团队中还有一位领先型风格的成员，一直陪她四处视察工厂。

有个替代性的做法是我比较推荐的，就是由领导者自己扩充领导风格的技术。为了做到这点，领导者首先必须了解何种情绪智商职能是他们所缺乏的领导风格的基础，然后不断努力提高这些情绪智商职能。

举例来说，联系型的领导者有三项情绪智商职能的优点：同情心、建立关系及沟通力。同情心，也就是觉知他人当下的感受，使得联系型领导者能用高度贴近员工情绪的方式响应对方，因此建立和谐关系。联系型领导者在建立新关系、从个人层面认识他人，以及培养默契上，也展现出自然的轻松感。

最后，出色的联系型领导者熟习人际沟通的艺术，特别是会说十分中听的话，或是在对的时机做出恰当的象征举动。因此，如果你是位领先型领导者，而你想要更常使用联系型风格，你就需要增强同情心，也许还有在建立关系或有效沟通上的技巧。

另一个例子是，如果权威型领导者想要增加民主型的领导风格，就可能需要加强合作和沟通能力。

每一小时，每一天，每一星期，主管都必须像练习高尔夫球般演练他们的领导风格；在对的时间，运用对的风格，使用刚好的分量。报酬就在于结果。

> 　　每一小时，每一天，每一星期，主管都必须像练习高尔夫球般演练他们的领导风格；在对的时间，运用对的风格，使用刚好的分量。报酬就在于结果。

领导风格	如何获得共鸣	对办公室工作气氛的影响	适用时机
权威型（洞见型）领导者	使人们朝共同的梦想前进	最具强烈正面性	当需要新的愿景，或需要一个清楚的新方向时
教练型领导者	将个人需求与团队目标结合	高度正面性	帮助个人对团队做出更有效的贡献
联系型领导者	重视个人的付出，并通过参与取得承诺	正面性	疗愈团队裂痕，在成功时刻激励团队，或加强联结
民主型领导者	重视个人的付出，并通过参与取得承诺	正面性	建立支持或共识，或取得团队成员有价值的付出
领先型领导者	设定具挑战性及令人兴奋的目标	通常高度负面性，因为执行上很差	从被激励和有能力的团队取得高质量的成果
高压型（命令型）领导者	在紧急情况下给予清楚方向，缓和恐惧	通常高度负面性，因为误用	在危机中，开始重整组织时

与你带领的人
建立关系

原刊登于 LinkedIn.com

2013 年 5 月 12 日

想象你脑中有紧急的待办事项,这时有人走过来想跟你聊天。这可能是很烦人的打扰,也可以是休息换挡的机会,与对方真实地联络感情,然后再继续做自己的事。

你选择哪一条路,和你如何领导有很大的关联。如果你总是把那个人当成兄弟,却从不曾停下脚步跟他聊一聊,那也许显示你正受困于一种反生产模式中,称为"职责优先"。

或者,比如你在赶一个期限很紧的项目,你所信赖会完成某部分的那位员工却出了纰漏。这当然令你失望,但是你会如何反应?你会思考如何帮助那个人在未来重新跟上脚步吗?还是你会专注于出错的部分,继而把他视为失败者,无法再相信他?

如果你只会有第二种反应,瞄准别人的缺失而非潜力,那么你的行为就近乎完美主义者了。

这些案例是我和妻子塔拉·班奈特－戈尔曼（Tara Bennett-Goleman）在举办的工作坊上收集的。这些领导范例是其中一位讲师提供的，她称自己为"组织治疗师"。她说："为每一个范例命名很有帮助，你会知道教导的时候应该关注的地方。"

这些范例上的诊断卷标，在塔拉的书《心灵低语》（*Mind Whispering*）中称作"模式"。当我们在"职责优先"的模式中时，会专注于完成任务，忽略身边的人。这样做短期内可能有效，但如果你是领导者，却对此太过僵化，你将会无法跟你所领导的人产生联结。然而，只有通过联结，你才能引导、启发、聆听、沟通、激励，或是影响他人，也就是领导。

在"完美主义者"的模式中，你则是对准他人的失误。完美主义倾向的领导者只会给不及格的分数，他们从未赞扬好的表现。对领导风格的研究发现，完美主义者（有时称为"领先者"）对直接下属的情绪状态和表现，会产生负面的影响。

好消息是：模式可以改变。教练可以协助改变发生，而非常积极求取改善的领导者，也可以靠自己实现改变。

胜过浑蛋

原刊登于 LinkedIn.com
2013 年 6 月 11 日

有虐待性格的老板，是令人感到压力最大的一种领导者。首先，如果你无法回避这类主管，那么除了虐待造成的情绪负担以外，还会加上无助的感觉，长期下来可能导致情绪枯竭和筋疲力尽。

因此，如果你无法改变情况，应该怎么办呢？我的建议是，改变你的反应。你要掌控你的内在世界。

我想到我的职业生涯，有一段时间我在一家出版社工作，新来的总编辑，也就是我的老板，对我非常有敌意。我不能改变他是我老板的事实，但是我可以改变我对他的反应。

我之前断断续续做过静坐（冥想）的练习，现在我认真地做，每天去上班前花四十五分钟静坐。

从几年前在哈佛大学时做的研究中，我知道这个方法可以帮助我应付那个苦毒的主管。我做的心理研究是关于静坐对于解除压力反应的效果的。我发现，平时有练习静坐的人，其实跟其他人一样，对压力的反应都是心跳加速、流汗等，但是他们恢复得更快。这种快速从压力刺激恢复的能力，就是弹性的关键。

对我而言，静坐改变了一切，让我能够把工作做好，即使我的老板很糟糕。我的心灵并未被焦虑占据，而是能放下对老板的担忧，专注于我必须做的工作。这么做帮助我生存下来，直到他被升迁……整个部门都庆祝他的离开。

3.

基本领导力
卓越表现的隐形推手

一个具备情绪智商的领导者，

可以通过觉察来掌控自己的情绪；

通过自我管理提升情绪技能；

通过同情心了解情绪的影响力；

并通过对关系的管理采取行动，

激励其他人的正向情绪。

在职场 EQ 理论开始获得广泛回响后，我们经常听到许多主管说："这实在太棒了！"然后——注意，他们是紧接着说："我一直都知道这些。"他们响应的，是研究中显示主管的情绪成熟度（自我觉察、同情心这类能力）和他们财务表现之间清楚的关联性。简言之，研究发现，所谓"好人"，也就是具有情绪智商的男性和女性，表现最为突出。

我们最近整理两年来所做的新研究，怀疑研究结果将会引起同样的反应。人们首先会惊呼："不可能！"然后很快改口说："当然会是这样。"我们发现，所有影响表现的不佳因素中，领导者的情绪及其伴随的行为最为惊人。这两项关键因素促成了循环反应：领导者的情绪和行为，驱动着其他每个人的情绪和行为。暴躁不安又残酷的老板，会创造毒性的组织，里面都是些充满负面思考、总是错过良机的低成就者。然而，充满启发性和具备包容力的领导者，将孕育许多新手，使他们不畏任何挑战。这个连锁反应的最后一环就是工作成效：赢利或是亏损。

我们观察到，领导者的"情绪风格"（我们取的名称）影响巨大，这并不是表示我们从"情绪智商"的研究上全然转向，而是对我们更早期主张领导者的情绪智商会创造一种特定文化或工作环境的更深入分析。我们的研究显示，高情绪智商会创造一种环境，使得信息共享、员工彼此信任、做有益的冒险，以及学习蓬勃发展；低情绪智商则会创造充满恐惧和不安的工作环境，因为时常情绪紧绷或恐惧的员工可能短期间内会有产能，组织可能交出好的业绩，但是绝不会持久。

我们的研究调查中，有一部分的设计是为了检视情绪智商如何驱动工作表现，特别是它如何从领导者延伸至组织，而后成为营收成果。"是什么机制让这条锁链连在一起？"我们会问。为了回答这个问题，我们借助最新的神经科学及心理学研究，也借助了其他同事对数百位企业领导者的观察所得，以及合益集团针对数千位领导者的领导风格积累的资料。从这项研究本身我们发现，情绪智商对组织的影响，就像电流穿过电线。说得更明确些，领导者的情绪相当具有传染力，很快就能扩散至整个企业，无一幸免。

我们稍后会深入讨论情绪感染力的科学，但是首先来看看研究中的一些关键提示。如果一位领导者的情绪和伴随的行为，确实能有力地推动企业成功，那么身为领导者的第一要务，甚至可以说是他的基本任务，就是情绪领导。领导者必须确保自己经常保持乐观、真诚、高能量的情绪，以及通过他所选择的行动，让跟随者能有同样的感受和行为。因此，财务管理是要从这位领导者先管理好自己的内在生活开始，如此才能产生正确的情绪和行为连锁反应。

当然，管理个人的内在生活并不容易，对很多人来说，这是最困难的挑战。要精确测量自己的情绪如何影响别人，可能同样很困难。比方说，我们认识一位执行长，他很确定每个员工都

> EQ　身为领导者的第一要务，甚至可以说是他的基本任务，就是情绪领导。领导者必须确保自己经常保持乐观、真诚、高能量的情绪，以及通过他所选择的行动，让跟随者能有同样的感受和行为。

认为他是精力旺盛且可靠的人，然而，他的直属员工却告诉我们，他的老板是故作愉悦，根本就是假的，他的决定也时常反反复复〔我们称此为常见的缺乏联结的"执行长病症"（CEO disease）〕。这个暗示是，领导不应只每天戴上面具而已，还需要通过内省似的分析，决定如何让自己的情绪领导驱动组织的情绪和行为，然后按所需的自律程度调整自己的行动。

这并不是说领导者不能有一天或一个星期心情不好，毕竟，人生无常。我们的研究也并没有暗示好心情就必须很高调，或是永远都该如此，一切只要乐观、真诚及真实就可以了。但是有个结论无法避免：领导者必须先关注自己的情绪和行为的影响，之后再去管理其他范围更大、更重要的职责。在接下来的文章中，我们会介绍一个方式，让主管用来评估员工对他的领导方式的体验，并且讨论为何在职场上很少讨论情绪、大脑如何运作以使情绪有感染力，以及你需要知道的"执行长病症"。

> 领导者必须先关注自己的情绪和行为的影响，之后再去管理其他范围更大、更重要的职责。

由不得你不承认

我们之前提过，大家对我们的新发现可能会如此反应："不可能！"这并不是玩笑。事实上，领导者的情绪影响几乎不曾在职场上被讨论过，更别说关于领导和表现的研究文献了。对大多数人而言，"情绪"感觉上是私人的事，即便美国人可能对于个人事务的坦白程度很惊人，我们也是最守法的，我们甚至不能询问应征者的年龄。因此，讨论主管的情绪，或是他对员工造成的情绪影响，可能会被认为是侵犯隐私权。

我们也可能避免谈论领导者的情绪风格和影响，因为坦白说，这个议题感觉很软性。你上一次把下属的情绪表现当成工作绩效评估的一部分是什么时候？你可能曾经对下属暗示过，比如"你的工作通常被负面的观点阻碍"，或"你真有热忱"，但是你不太可能会直接提到情绪，更不会讨论它对组织绩效的影响。

　　不过，我们的研究无疑也会招来"当然会是这样"的反应。每个人都知道，领导者的情绪状态是驱策员工表现的关键因素之一，因为大家或多或少都有过跟开朗的经理人工作充满启发的经验，或是为尖酸刻薄的老板卖命这类惨痛的经验。前者让一切感觉都有可能；结果是，不可能的目标达成了，竞争对手被打败了，赢得新的客户了。后一种经验则让工作变得凄惨；在老板阴暗的情绪下，组织里的其他部门都变成"敌人"，同事彼此猜忌，顾客也逐渐流失。

　　我们的研究及其他社会学家的研究都证实，这些经验是真实的。当然，也有很少数的例子是老板很残酷，但最后的业绩却很好。

邪恶的老板赢？

每个人一定都知道那种无理又强迫型的执行长，他所有的表现都符合情绪智商的反证，却似乎有很棒的业绩。如果领导者的情绪智商这么重要，我们如何解释这些情绪恶劣却成功的浑球呢？

第一，我们进一步检视他们。某个主管的能见度最高，并不见得他实际上就是公司的领导者。一家集团的总裁可能底下没有人，实际带人及影响收益的是部门主管。

第二，有时候，浑蛋领导者有些优点足以平衡他的刻薄行为，但是在商业报道上并没有获得相应的注意。杰克·韦尔奇（Jack Welch）在通用电气（GE）主导公司转型时，展现了铁腕手段。当时在那种状况下，韦尔奇施行坚定、发号施令的风格是很恰当的。媒体较少报道的，是后来韦尔奇采取的更具情绪智商的领导风格，特别是当他对员工说明公司的新愿景，并激励他们共同追寻的时候。

先不谈这些告诫，我们回来谈那些尽管领导方式十分残酷、恶名昭彰，却似乎有亮眼业绩的企业领导者。举例来说，有怀疑论者提到，比尔·盖茨的严厉风格理论上应该会使公司受损，没想到却能够全身而退。

但是我们要展现特定情况下有效的领导风格模式，以不同的观点评断盖茨理应算是负面的行径。盖茨是成就导向的优异领导者，他的组织精挑细选极有才华而积极的人才。他明显严厉的领导作风——直接挑战员工要超越过去的表现——在员工有能力且积极，又不需要什么指导的情况下（这些都符合微软工程师的特性），可能相当有效。

简言之，要怀疑论者列举出"粗暴难搞"、行为很差但业绩很好的领导者，来驳斥身为领导者能管理情绪的重要性，这一点都不困难。我们的论点是，这条规则当然有例外，在某些特定的商业案例中，一个浑球老板可能还表现不错。但一般而言，这类型的老板必须改变，否则他们最终都要为他们的情绪和行为付出代价。

这类研究众多不及备载，但整体显示，当领导者心情愉快时，他周围的人也会用更正面的眼光看待事情，如此也会使他们对于达成目标更加乐观，创造力提高，更有效率做决策，也更乐于助人。

1999 年艾丽斯·伊森（Alice Isen）所进行的研究发现，愉快的工作环境有助于提升心智效率，使人更易吸收与了解信息，在复杂的判断中运用决策规则，并且思考更灵活。其他的研究直接连接情绪与财务表现，例如，1986 年宾夕法尼亚大学的马丁·塞利格曼（Martin Seligman）和彼得·舒尔曼（Peter Schulman）证实，具有"半杯水"[1]观点的保险经纪人，比起悲观的同僚，在面对拒绝时更能坚持，业绩也因此更好。

　　许多领导者因其情绪风格，造成了功能失调的工作环境，最后都被炒鱿鱼。当然，这不太能作为台面上的理由，但是业绩表现不好却可以。不过，事情不需要走到那步田地。正如坏心情可以扭转，低情绪智商的领导者散播的有毒感觉也可以改变。以下来看看大脑内部如何运作，就可以说明为什么，以及怎么做。

---

[1] 编注：英语中一个常见的典故。半杯水摆在面前，如果你的第一反应是"还有半杯水"，说明你注重积极的一面，是乐观主义者；反之，如果你的第一反应是"只剩半杯水了"，说明你偏向消极的一面，是个悲观主义者。

情绪科学

　　愈来愈多关于人类大脑的研究证实，领导者的情绪会影响周围的人，无论好或坏。原因就在被科学家称为大脑淋巴系统的开放回路特性，也就是我们的情绪中心。一个封闭的回路系统能自我管制，但是一个开放的回路系统则依赖外部来源管理自己。换句话说，我们倚靠与他人的联结来决定自己的情绪。这套开放回路淋巴系统是进化上的生存设计，因为它让人得以解救彼此的情绪，举例来说，母亲可以安抚哭泣中的婴儿。

　　这种开放回路的设计在今天与几千年前的目的都相同：举例来说，一项针对加护病房的研究显示，一个具有安慰力量的人在场，不只能降低病人的血压，也能降低阻塞动脉的脂肪酸的分泌。另一项研究发现，如果一年内发生三起以上高压力的事件（例如

> 领导者的情绪会影响周围的人，无论好或坏。原因就在被科学家称为大脑淋巴系统的开放回路特性，也就是我们的情绪中心。……换句话说，我们倚靠与他人的联结来决定自己的情绪。

严重的财务问题、被解雇或离婚等），会导致社交孤立的中年男人死亡率增加三倍，但对于拥有许多亲近关系的男人却无影响。

科学家描述这个开放回路是"人际淋巴调节器"；一个人传送的信号，能改变另一个人体内的激素分泌、心血管功能、睡眠规律，甚至免疫功能。这就是为何夫妻能够引发彼此大脑中的催产素（oxytocin）激增，创造愉快、亲昵的感觉。在社交生活的所有层面，我们的生理机能也掺杂其中。淋巴系统的开放回路设计让其他人得以改变我们的生理机能，因此也能改变情绪。

即使这个开放回路是我们生活中如此重要的部分，我们也通常不会注意到这个过程。科学家在实验室中已经通过测量生理变化，例如心率，发现了两个人谈话愉快时情绪协调的作用。当互动开始后，他们的身体会按不同韵律运作，但是十五分钟后，他们的生理状况出现极为类似的结果。

研究者已经反复看到，当人彼此靠近时，情绪的传播是无法抗拒的。早在 1981 年，心理学家霍华德·弗里德曼（Howard Friedman）及罗纳德·里焦（Ronald Riggio）就发现，就算是完全非语言的表达，也会影响其他人。举例来说，当三个陌生人面对面坐着，安静一两分钟，这三人当中情绪最明显的人，会把情绪传送给其他两个人，虽然他可能一个字也没有说。

在办公室、会议室或工厂车间也一样，团体成员不可避免地会"感染"彼此的情绪。在 2000 年，纽约大学的卡罗琳·巴特尔（Caroline Bartel）和密歇根大学的理查德·萨韦德拉（Richard Saavedra）发现，在不同产业的七十个团队中，人们一起开会两小时之内，便会产生共同的情绪，不管好或坏。有一项研究让护士及会计师团队各自监测他们自己数周内的情绪状况；研究者发现，受试者的情绪轨迹相同，而且他们大致上不受各自团队内共同的麻烦问题影响。因此，团队就像个人一样乘坐着情绪云霄飞车，共享从嫉妒到担忧及兴奋等一切情绪。很巧的是，好心情传播最快的方式，是通过恰到好处的幽默。

你微笑，世界就和你一起笑

　　记得标题说的这句老话吗？它离事实不远。我们已经说明，情绪的感染是一个实际的神经现象，但并非所有的情绪都能轻易扩散。1999 年由耶鲁管理学院的西加尔·巴尔萨德（Sigal Barsade）主导的一项研究显示，在工作团队中，欢乐和温暖的情绪很容易就散播出去，但发怒就比较不容易，沮丧则是最难感染的。

　　笑是最容易传染的情绪，这不应该令人讶异。听到笑声时，我们会发现，我们几乎不可能不跟着笑或微笑。那是因为我们脑中的开放回路有一部分的设计会侦测微笑和笑声，使我们产生相同的反应。科学家的理论是，这种动力在远古就已装设于人类的大脑，因为微笑和大笑是巩固盟友的方式，种族借此得以生存。

　　此处，领导者担负起管理自我及他人情绪这项基本任务的含意是：幽默能促进扩散有活力的工作气氛，但就像一般领导者的情绪一样，幽默必须与组织的文化和现实相呼应。我们认为，只有真实的微笑和大笑才会传染。

从高层开始的情绪传染得最快，因为每个人都看着老板，会从他那儿接收情绪的信号。即使不是很常看得到老板，例如在楼上关起门的办公室工作的执行长，老板的态度也会影响他直接下属的心情，像骨牌效应一样扩散至全公司。

> 从高层开始的情绪传染得最快，因为每个人都看着老板，会从他那儿接收情绪的信号。即使不是很常看得到老板……老板的态度也会影响他直接下属的心情，像骨牌效应一样扩散至全公司。

诊断"执行长病症"

　　如果领导者的心情这么重要，那么他 / 她最好要有好心情，对吗？没错，但是完整的答案复杂多了。领导者心情高昂的时候，对员工表现的影响力最大，但也要看他是否跟周围的人和谐一致。我们称此为动能共振。

　　好心情激励好表现，但是当业绩流失或生意失败时，领导者如果还快乐得像清晨的小蓝鸟，这并不合理。高效能的主管表现出来的情绪和行为，会符合当时的情况，再掺入健康的乐观态度。他们尊重其他人的感受，即使是阴郁或挫败的，他们也以身作则，示范带着希望和幽默继续前进。

　　我们称为共振的这种表现，在其所有目的和意义上，就是情绪智商运作的四个成分。

自我觉察也许是情绪智商中最关键的能力，亦即观照自己情绪的能力。它让人了解自己的长处和限制，对自我价值感到自信。共振型的领导者通过自我觉察精确观照自己的情绪，直觉地知道自己如何影响着其他人。

自我管理是控制情绪的能力，以及诚实坦率地以可信赖与可调整的方式采取行动。共振型的领导者不会被偶尔的坏情绪困住一整天；他们会运用自我管理，把情绪留在办公室外，或是用理性的方式把情绪的源起向人说明，让他们知道情绪为何而来、将持续多久。

社交意识包括同情心和组织性直觉等关键能力。有社交自觉的主管不只能感知别人的情绪，还会表达自己的关心，而且非常擅长解读办公室的政治激流。因此，共振型领导者通常可以敏锐地了解自己的言语和行为带给其他人的感受，如果造成的影响是负面的，他们也会马上修正。

> **IQ** 自我觉察也许是情绪智商中最关键的能力，亦即观照自己情绪的能力。……共振型的领导者通过自我觉察精确观照自己的情绪，直觉地知道自己如何影响着其他人。

关系管理是情绪职能的最后一项，包括清楚及有说服力地沟通、平息冲突，以及建立稳固的个人关系的能力。共振型领导者通常用幽默和仁慈的方式，以及运用这些技能来散播他们的热忱，并解决争端。

共振型的领导虽然有效，却非常罕见。大多数人会为领导者不懂得回馈而感到痛苦，他们有害的情绪和令人生气的行为造成巨大破坏，直到某个有愿景且实际的领导者来改善这个情况。

试看之前发生在英国媒体巨人 BBC 实验部门的事。虽然该公司两百多位记者和编辑已经尽心竭力，但是管理阶层还是决定关闭该部门。

被裁撤已经令人感觉很糟糕了，主管单位在宣布这项消息时粗鲁、受争议的情绪态度，引发雪上加霜、意料之外的沮丧感。员工义愤填膺，不只因为这个决定本身，还因为传达消息的那位主管。他奇怪的情绪和传达方式，制造了非常有威胁感的气氛，以至于他必须呼叫保安来护送他离开。

> 共振型领导者通常可以敏锐地了解自己的言语和行为带给其他人的感受，如果造成的影响是负面的，他们也会马上修正。

　　隔天，另一位主管拜访了同一个团队，他的心情肃穆，态度尊重，行为亦然。他谈到新闻对于活化社会的重要性，以及最初吸引所有员工进入这个领域的使命。他提醒大家，没有人进入新闻业是为了发财：就职业而言，这一行的薪资报酬并不高，工作的稳定性也随着一波波更大的经济浪潮起起落落。他想起自己职业生涯中被裁员的那段时间，他如何排除万难找到新工作，以及如何保持对工作尽忠职守。最后，他祝福众人在事业上都有好的发展。

　　前一天充满怒气的群众，今天的反应如何？当这位共振型的领导者说完，所有员工都鼓掌欢呼。

　　我们发现，有为数惊人的领导者并不真的清楚自己和组织是否有共鸣。相反，他们都患了执行长病症；其中一个令人不快的症状，是患者对于自身的情绪、行为在组织眼中的感受近乎完全无知。这并不是说领导者不在乎他们给人的观感；大部分人都在乎，但是他们误以为自己可以破解这项信息。更糟的是，他们认为如果自己正在发挥负面影响时，有人会告诉他们。他们错了。

　　在我们的研究中有位执行长说道："我常常觉得我没有听到真话。我从来无法确切地指出来，因为没有人真的对我撒谎，但是我可以感觉到员工在隐藏信息，或是粉饰重要的事实。他们没有说谎，但是也没有把我需要知道的一切告诉我，我总是在猜。"

　　职员不把领导者情绪影响的全部真相告诉当事人，其中有几个原因。有些人是害怕传递坏消息可能会遭殃，有些人则是觉得他们没有资格评论这么私人的事，还有些人是不明白他们真正想要讨论的是领导者情绪风格的影响，因为那感觉很模糊。无论原因是什么，执行长不能倚赖他的下属主动告诉他事情的全貌。

危机中的共振

　　讨论领导者的情绪时，不能不再次强调共振的重要性。虽然我们的研究显示，领导者通常应该是乐观、活泼的，但是他们的行为必须根植于现实，特别是当危机发生时。

　　看看美林证券（Merrill Lynch）副总裁兼客户关系小组组长鲍勃·马尔霍兰（Bob Mulholland）在恐怖分子攻击纽约时的反应。2001 年 9 月 11 日，马尔霍兰和他的同僚在双子星世贸大楼里感觉整个建筑物都在震动，然后看着烟雾从对面那栋楼的门口大量蹿出。大家开始惊慌失措，有些人慌张地从一个窗户跑到另一个窗户，有些人因恐惧而"瘫痪"了。有亲人在世贸中心工作的人为家人的安危担惊受怕。马尔霍兰知道他必须采取行动："当危机发生时，你必须为人指路，一步接一步，确保你照顾到他们的担忧。"

他开始设法发布让人情绪和缓的消息。比方说，他找出员工的亲戚在哪一层楼工作，确认他们有足够的时间逃命。"我们现在要从这里出去，"他平静地说，"你们要跟我来。""不要搭电梯，走楼梯。"他保持冷静且果决，也不轻忽他人的情绪反应。感谢他，在大楼倒塌前，每个人都逃了出来。

马尔霍兰的领导不止于此。他认识到，这个事件使每个客户都受到影响，于是，他和他的团队设计了一个方法，让财务顾问与客户做情绪上的联结。他们打电话慰问每一位客户："你好吗？你的亲人都好吗？你现在觉得如何？"马尔霍兰解释："现在已经没有办法像往常一样继续谈生意了。做'生意'的第一顺位，就是让我们的客户知道我们真诚地关心他们。"

鲍勃·马尔霍兰勇敢地完成了领导者最重要的情绪任务之一：帮助自己和同人在混乱、疯狂中找出意义。为了做到这些，他首先调整当下的情绪，并且与他人分享共同面对的现实情绪。这就是为何他最后下达的指令能与员工的内心深刻共鸣。他的言辞和行动反映出人们心中的感受。

重整人生

　　我们建议人们进行自我探索及个人再创造——现在有很多主管阶层的自助课程，这并不是最新的发明，也不是从大众心理学衍生而来，相反，这是从领导者如何提升高 EQ 领导力的三项研究而来。在 1989 年，理查德·伯亚斯开始援引这项研究，设计五个步骤的程序，从那时起，已有数千位主管运用后收效良好。

　　我们的程序建基于大脑科学，与较传统的教练形式不同。一个人的情绪技巧，也就是他对待生活和工作的态度及能力，并不像眼球的颜色或皮肤黑白那样是天生遗传的，但是在某种程度上也近乎天生，因为这些技能深植于神经科学中。

　　事实上，一个人的情绪技巧确实含有基因的成分。比方说，科学家已经发现害羞的基因，它本质上并不是情绪，但它确实能驱使一个人保持举止安静，这可能被解读成"沮丧"的心情；有些人则不可思议地感到开心，也就是说他们没有限度的愉快似乎是超自然的，直到你看见他们的父母也同样兴高采烈。有位主管解释道："我所知道的是，我从婴儿期开始就一直很快乐。这让有些人快发疯了，但是我就算努力，也没办法忧郁。我弟弟也一模一样；他看的都是人生的光明面，即使在他离婚那段时间也是。"

　　虽然情绪技巧有一部分是天生的，但经验对于基因表现也扮演了很重要的角色。一个原本快乐的婴儿，如果父母双亡，或遭受身体上的虐待，日后可能成长为一个阴郁的成人；一个脾气很拗的小孩，在找到很有满足感的工作后，有可能变成一个开心的大人。然而，研究显示，我们的情绪技巧的范围大约在二十五岁以前就会固定，而且到那个阶段，伴随情绪的行为已经变成根深蒂固的习惯了。因此重点是：我们愈表现出某种行为，不论快乐、沮丧或暴躁，这种行为就愈根植在我们的大脑回路里，我们也愈会继续出现同样的感觉和行为。这就是为何情绪智商对领导者来

> 研究显示，我们的情绪技巧的范围大约在二十五岁以前就会固定，而且到那个阶段，伴随情绪的行为已经变成根深蒂固的习惯了。

> 我们愈表现出某种行为，不论快乐、沮丧或暴躁，这种行为就愈根植在我们的大脑回路里，我们也愈会继续出现同样的感觉和行为。这就是为何情绪智商对领导者来说至关重要。

说至关重要。一个具备情绪智商的领导者，可以通过觉察来掌控自己的情绪；通过自我管理提升情绪技能；通过同情心了解情绪的影响力；并通过对关系的管理采取行动，激励其他人的正向情绪。

接下来五个步骤的程序设计的目的，是重新设定大脑，让它产生更具情绪智商的行为。这个程序从想象你理想的自我开始，然后接受他人所经验到的真实的你。下一步，就是创造一个策略性计划，消弭理想和现实之间的鸿沟。之后，再实践这些行动。最后的结论是，创造一个同事和家人的社群，使这个程序保持运作。下面让我们更详细地讨论这些步骤。

✳ "我想要成为什么？"

索菲娅是北欧一家电信公司的资深经理人，她知道她需要了解自己情绪化的领导方式对其他人的影响。每当她感到有压力时，就会出现沟通拙劣的倾向，并且会把下属的工作抢过来做，好让事情能够做"对"。她参加过领导研习营，却没有改变这些习惯，阅读管理书籍或咨询顾问，也没有帮助。

当索菲娅来找我们的时候，我们请她想象自己在八年后是个高效能的领导者，并写下她对典型的一天的描述。"你会做什么事？"我们问她。"你会住在哪里？谁会跟你一起住？你的感觉如何？"我们要她思考她最深层的价值观和最高远的梦想，并且说明为何这些理想已经变成她日常生活的一部分。

索菲娅想象自己领导着十位跟她关系紧密的公司员工；她也很享受与女儿之间敞开心扉的关系；与友人和同事也有值得信任的关系。她看到自己是放松且快乐的领导者和母亲，对身边所有人同样有爱和助力。

整体而言，索菲娅的自我觉察度很低，她很少能够清楚指出她在职场及家庭中遭遇的困难。她所能说的只有："没有一件事是对的。"而这个练习促使她想象如果一切都对了，人生会是何种样貌，并且让她睁大眼睛，去检视她的情绪风格内缺少的元素。她因此能够看见她对生命中的人产生的影响。

❋ "我现在是谁？"

在探索程序的下一个步骤，你会从别人的角度看到自己的领导风格。这非常困难且危险。困难的是，很少人有胆量告诉老板或某个同事他真实的面貌；危险的是，这类信息通常会刺痛对方，甚至使人感到瘫痪。对自己有一点无知，有时候并没错：自我防卫机制也有好处。马丁·塞利格曼的研究显示，情绪智商高的人通常对自己的未来和可能性，抱持着比较乐观的感受。他们的粉色墨镜[1]实际上激起了他们去完成超乎预期和非凡事务的热情和能量。剧作家亨里克·易卜生（Henrik Ibsen）称这类自我欺骗的想法为"关系重大的谎言"，是我们为了面对这个骇人的世界而让自己相信的令人慰藉的非事实。

但是我们不该太常自我欺骗。主管应该毫不手软地寻找关于自己的真相，特别是从别人口中听来的一定已经不那么真实、直接了。获得真相的一个方法是，对于批评保持极端开放的态度。另一个方法是，找到负面的回馈，甚至培养一或两个同事扮演魔鬼代言人。

我们也非常建议跟愈多人搜集回馈愈好，包括老板、同事和下属。从下属和同事得来的回馈尤其有帮助，因为根据犹他州州立大学的格伦·麦克沃伊（Glenn McEvoy）与罗格斯大学的理查德·贝蒂（Richard Beatty）的研究，它最能精确地预测两年、四年，甚至七年后一个领导者的效能。

---

[1] 编注：rose-colored/rose-tinted glasses。如果你用粉色墨镜来看一个人或物，就意味着你只看到这个人或物好的一面，而没有看到不好的一面。

当然，三百六十度全面性的回馈，并不是只要别人评估你的心情、行动和其影响，它还透露出别人对你的观感。举例来说，当别人为你善于聆听的程度评分时，他们实际上是在报告你听懂他们说话的能力有多强。同样，如果三百六十度的回馈导引出教练效益的评分，那么回答则显示了别人感觉你对他们的了解和关心的程度。如果评分较低，例如评分项目是对新构想的开放度，那么就意味着他人感受到的你，是难以接近或是冷漠的。总之，如果你要的话，你所需要知道的关于自己情绪的影响，是三百六十度的回馈。

关于第二个步骤还有最后一点：当然，找出你的弱项非常重要，但是只注意你的缺点可能令人气馁，这就是为什么了解自己的优点同样重要，甚至更重要。知道真实的自己将会在何处与理想的自己重叠，能给予你所需的正面能量往前进，到程序的下一个步骤：消弭距离。

❈ "我如何把理想变为现实？"

一旦你知道自己想成为谁，并且比较过他人眼中的你之后，你需要设计一个行动方案。对索菲娅而言，这意味着设计一个可以实质提升她自我觉察度的计划。于是，关于她的情绪和表现，及其对大家的影响，她请工作团队的每位成员给她回馈：每星期以不记名的、书面的形式。她也承诺自己要完成三项困难但可以做到的任务，例如，每天花一小时反省自己的行为，并写在日记上；到小区大学修习团体动力[1]课程；以及请一位可信赖的同事协助担任非正式的教练。

接着来看看一家大型整合能源公司拉丁美洲部门的营销主管胡安如何完成这个步骤。胡安被交付的任务，是扶植公司在祖国委内瑞拉及整个区域成长；这项工作要求他成为教练和有远见者，并具备鼓舞他人、乐观的态度。然而，三百六十度的回馈却显示，胡安在他人眼中是令人不安且专注于自己内在世界的人。他的很多直接下属认为他很爱发牢骚；他情绪糟的时候，别人根本无法取悦他，他情绪好一点的时候，又令人精神透支。找出这种差距后，胡安得以策划改变的方案，用容易达成的步骤一一加以改善。他知道，如果他想培养教练式领导的风格，他需要锻炼同情心的力量，所以他承诺参与许多可以让他练习这项技能的活动。举例来说，胡安决定要进一步认识每一位下属；他想，如果他更了解他们，就更能够帮助每个人达成目标。于是他跟每位员工拟定下班后会面的计划，这样他们可能会更自在地表达感受。

胡安也在工作之外的领域寻找修补缺口的方法，例如他去训

---

[1] 编注：group dynamics，也称"团体动态学"，探讨团体间组成分子互动及其动态行为的学术领域。

练女儿的橄榄球队，并到地区危机处理中心担任义工。这两种活动都能锻炼他理解别人的能力，以及尝试新的行为。

我们再来看看大脑科学如何应用在职场。胡安努力克服根深蒂固的行为——他经年累月的工作方式已经主导了他的思想与行为，但是他并不知道。把这些行为带进觉察之中，是使他改变的重要步骤。他更加注意到每天在周遭发生的任何状况，例如聆听同事、教橄榄球，或是跟一个很沮丧的人通电话，都成为他可以尝试改变的线索，进而刺激他打破旧有的习惯，尝试新的响应方式。

这种改变习惯的线索是关于神经学，也是关于感知的。匹兹堡大学及卡内基梅隆大学的研究人员已经发现，我们在心理上准备一项任务时，会启动脑前额叶皮质，这是大脑中驱使人类行动的部位。预先受到的刺激愈大，我们的任务就做得愈好。

当我们尝试用新的习惯取代旧的习惯时，这种心理准备就

EQ   我们在心理上准备一项任务时，会启动脑前额叶皮质，这是大脑中驱使人类行动的部位。预先受到的刺激愈大，我们的任务就做得愈好。

当我们尝试用新的习惯取代旧的习惯时，这种心理准备就变得格外重要。

变得格外重要。匹兹堡大学的神经学家卡梅伦·卡特（Cameron Carter）发现，当人准备克服一项惯性反应时，脑前额叶皮质会变得特别活跃。受刺激的脑前额叶皮质显示大脑专注于即将发生的事情。如果没有那个刺激，人会一再采取经检验证明可信但是无趣的例行常规。不聆听别人说话的主管，会再次切断与部属的联结；残酷的领导者将发动另一波批评轰炸，诸如此类。这就是为何一个学习方案如此重要，如果没有它，我们根本不会有脑力去做改变。

❈ "我如何让好的改变持续发生？"

简单来说，让改变持续需要练习，原因又是大脑。要打破旧有的神经习惯，需要一次又一次，行动再行动。领导者必须一再演练一种新的行为，直到它变成自动自发的行为模式，也就是指他在内隐学习 [1] 的层次上已经熟练此行为。

虽然新的行为最好要练习，如同胡安所做的，但是有时候只要在脑中想象也可以。以汤姆为例，这位主管想要消弭他的真实自我（同事和下属感受到的他是既冷漠又吹毛求疵的）与理想自我（有远见者及教练）之间的距离。

汤姆的学习方案包括找机会退一步去教导他的员工，而非一

---

[1] 编注：implicit learning，认知心理学的一个重要概念，指的是在不知不觉中获得某种知识，或学习了某种规则。

感觉他们犯错就打断他们说话。汤姆也开始运用一些通勤中的空闲时间，思考如何处理当天预定的会面。有天早上，他跟一位同事有早餐会议，那位同事的项目似乎快搞砸了，但汤姆的脑海里闪过一个正面的情景。他问了对方一些问题，专心聆听，并确保听到完全了解情况为止，再设法解决问题。他预料自己会有不耐烦的感觉，所以在脑中预演他将如何处理这种感觉。

大脑研究证实，汤姆的可视化技术有好处：生动地想象某件事物的细节，可以启动真正参与那项活动时使用的同样的脑细胞。新的大脑循环似乎会按照自己的速度运作，并强化链接，即使当我们只是在脑中重复那个程序。因此，要减轻尝试更冒险的领导方式的恐惧，第一步应该是将某些类似的场景可视化。这样做会让我们在真正实行新技巧的时候，比较不会有尴尬的感觉。

实验新的行动，并且在工作中与工作之外把握机会练习，以及采用心理演练这类方法，最后会在我们的大脑中建立必要的神经链接，让真正的改变发生。但即使如此，持久的改变也并不会只通过实验和大脑力量就发生。就像有首歌的歌词写的，我们还需要朋友的一点点帮助。

❋ "谁可以帮助我？"

自我探索与革新程序的第五个步骤，是创造一群支持者。举例来说，联合利华的经理人组成学习小组，作为主管培植程序的一部分。一开始，他们聚集在一起讨论事业，以及如何领导，但他们同时也被要求讨论各自的梦想和学习目标，因此很快他们就了解讨论的内容不只关于工作，也包括个人生活。这些经理人之间建立了坚强的互信，并且在加强领导能力的任务开始后，彼此依赖对方给予坦白的回馈。自从出现这种情形，公司就受惠于更好的绩效表现。现在很多专业人士也组成类似的小组，其来有自。我们信赖的人，可以让我们尝试领导技能里较不熟悉的部分，却不用冒险。

　　如果没有别人的协助，我们无法提升情绪智商或是改变领导风格。我们不但可以跟他人一起练习，也可以信赖他们能够创造一个安全的实验环境。关于我们的行为如何影响他人，以及评估

> **EQ**　　我们信赖的人，可以让我们尝试领导技能里较不熟悉的部分，却不用冒险。
>
> 　　如果没有别人的协助，我们无法提升情绪智商或是改变领导风格。……关于我们的行为如何影响他人，以及评估自己在学习目标上的进步，我们都需要获得回馈。

自己在学习目标上的进步，我们都需要获得回馈。

事实上，也许也很矛盾的是，在自我引导的学习过程中，我们每一步都会需要仰赖其他人：从说明和完善理想的自我，以及将之与现实的自我比较，到证实我们已有进步的最后评估步骤。我们的人际关系提供了实际的情境，使我们了解自己的进展，并明白我们所学习的内容的有用之处。

情绪大于事情

我们说管理自己跟下属的情绪是领导的基本任务，意思当然不是指情绪是唯一最重要的。

如同已经指出的，行动力非常重要，心情和行动两者必须与组织和现实产生共鸣。同样，我们也承认领导者必须克服其他所有的挑战，从策略、招募，到发展新产品。这些全部包括在漫长的一整天的工作内。

但是整体而言，基于神经学、心理学和组织研究等信息，其惊人之处就在于它非常明确。情绪领导是点燃一家公司绩效表现的火，它可以打造一把成功的火炬，或是使其成为一片灰烬。情绪，就是如此至关重要。

当你批评某人时，
你就更难让他们改变

原刊登于 hbr.com 及 LinkedIn.com

hbr.com，2013 年 12 月 19 日

"如果你的人生一切都进行得很完美，十年后的你会做什么？"

这样一个问题，让我们有了无限的、新的可能，思索什么对我们来说最重要，甚至什么样的价值观可能会引导我们的一生。这就为经理人提供了一个方式，即如何训练团队获得更好的绩效。

用开放的心态提出疑问，跟他人说："你有什么毛病？！你应该怎样，又该怎样改善自己？"两者相较之下，后者的思考及沟通模式会让人噤声不语、处于防卫状态，并限制了对方请求协助的可能。经理人应该谨记这点，尤其是在绩效考核期间。

关于你十年后完美人生的问题，是任教于凯斯西储大学魏德海管理学院的理查德·伯亚斯教授提出的，他也是我的老友和同事。

他最近关于最佳教练方式的研究运用了脑部造影，分析了当教练聚焦于梦想而非失败时，对大脑产生的不同影响。这些研究发现对于如何帮助别人或自己进步，有重大的意义。

在我的书《专注》里，我引用了伯亚斯这段话："谈论正面的目标和梦想，可以启动大脑中使你拥抱新可能性的中枢。但是如果你改变对话，讨论你应该如何做才能修正自己，就会让你退缩。"

伯亚斯与克里夫兰临床中心的同事合作，让参与实验的人经历一场正面、梦想优先的面谈，或是负面、专注于问题的面谈，同时扫描他们的大脑。正面的谈话刺激奖励回路的活动，以及美好回忆和兴奋感受的区块：这是大脑典型的标志，显示当我们拥抱某个激励人心的愿景时，开放性的希望感受。相反，负面的谈话刺激大脑的焦虑回路，与感到伤心和担忧时启动的是同一个区块。在后面这个状态中，被引发的不安和防卫感，会使人更无法聚焦于改善的可能性。

当然，身为经理人必须协助员工面对行不通的事情。伯亚斯曾说："你需要负面焦点来生存，但是正面焦点会使你茁壮。你需要两者，但是比例要正确。"

巴巴拉·弗雷德里克森（Barbara Frederickson）是北卡罗来纳大学的心理学家，她发现正面感受会扩大我们注意力的隙缝，因此能拥抱更大的可能性，并激励我们为更好的未来努力。她发现在私人生活和工作上都表现很好的人，通常一天当中处于正面状态的比例比较高。

根据威斯康星大学的理查德·戴维森（Richard Davidson）教授的研究，处于正面的情绪范围内会刺激大脑回路，提醒我们，当达成目标时我们的感受有多棒。这个回路让我们为了完成更大的目标，而持续每次一小步地努力前进，不论是要完成一项大型计划，还是改变自己的一个行为。

这个大脑回路对于朝着目标努力非常重要。它是靠多巴胺这种令人感觉良好的大脑化学物质，以及人体内生的类鸦片，例如脑内啡——"跑者兴奋剂"等神经传导物质运作。这种化学混合物质会激发动力，并附加愉悦的乐趣感。这就是为何维持正面的观点可以促进表现，如同弗雷德里克森的研究发现：它使我们有活力，更加专注，思考更有弹性，与周围的人更有效地连接。

经理人和教练可以记住这一点。伯亚斯强调，了解一个人的梦想，可以开启如何满足期望的对话，并导向具体的学习目标。通常这些目标是关于提升责任感、聆听技巧及团队合作等能力的。拥有这些特质能够产生更好的表现。

伯亚斯提到一个主管级的商管研究生，他是一位想要打造更好的工作关系的经理人，这位经理人拥有工程背景。当谈到完成任务时，伯亚斯说："他只看到任务，没有看到跟他一起完成任务的人。"

他的学习曲线包括练习感同身受的能力。为了降低练习的风险，他跑去教儿子的橄榄球队，并且在训练时非常努力注意队员的感受。那成为他日后回到工作中的一个好习惯。

他从想要达成的正面目标——更好的职场关系——开始，而不是将它视为想要克服的个人缺点，如此他更能轻易达成这项目标。

重要的是，不要只专注于弱点，而是要把焦点放在希望和梦想上。这是我们的大脑原本就设定的运作方式。

领导者同情心
不足症的信号

原刊登于 LinkedIn.com

2013 年 11 月 25 日

试想一下在你公司工作的两个人：一个高你一两个层级，另一个低你一级。现在想象两人各发了一封电子邮件给你。问问自己，你会在多久之后才回复这两封信。

有可能你会马上回信给高你一两级的那个人，至于另一个层级较低的人，你可能会等到有空时才回复他。

响应时间的不同，一向被用来描绘组织内部的阶级结构，它反映出更大的通则：我们对比自己更有权力者的注意力更大，对权力较小的人较不注意。

权力和注意力之间的关系，在两个陌生人初次见面时的互动就能一目了然。只要谈话五分钟，社会地位较高的人通常就会比社会地位较低的人更少释放注意力的信号，例如眼神接触、点头等。

这个注意力的落差，甚至在较为富有和较为贫穷的大学生之间也会出现。

　　这项分析回信反应时间所使用的研究素材，是恩隆公司整个电子邮件数据库；在它被用作调查公司倒闭案的资料后，可以让研究人员使用。经证实，哥伦比亚大学实施的这个通过电子邮件侦测组织内部社交网络的计划，准确度惊人。

　　当注意力向着权力曲线流动时，同情心也受到冲击。当两个陌生人互诉离婚或人生中其他的痛苦经历时，权力较小的人，表现出的同情心较高。另一个测量同情心的方式，亦即从面部表情辨别他人感受的准确度，也互有不同：地位较低的人比较熟练，地位高的人则否。

　　这个关于社交生活的事实，揭露了领导者的危险地位，毕竟，高绩效的领导者应具备优异的说服力与影响力、激励和聆听、团体与合作等以同情心为基础的能力。

　　同情心分为三种。第一种，认知性，你能感知另一个人对世界的看法，意思是你可以用他们能了解的言语说你想说的话。第二种，情绪性，你能立刻与某个人的感觉产生共鸣。第三种，同理关怀，你能通过提供你认为对方需要的协助，来表达你对他的关心。

　　领导者缺乏以上任何一种同情心的信号，最容易从他的行动如何影响他所带领的人上看出来。

　　一些常见的信号如：

　　对接收者而言完全没有道理的指示或小字条：这显示老板不了解员工认知的世界，因而无法调整为用他们更能懂的语言沟通。另一个低认知同情心的信号是：策略、计划或目标使得将要去执行的人不甚理解，或一头雾水。

　　公报，或更糟的是命令，令接收者感到气愤。这显示老板没有准确解读员工的实际情绪，所以让接收者丈二和尚摸不着头脑。

　　对于员工感到困难的议题，表达冷漠或事不关己的态度。感觉不受老板关心，员工会处于防卫状态，以致害怕冒险，例如创新。

　　高阶层的领导者也许是同情心不足症的最高危人群，理由很简单：当你的位阶爬得愈高，就愈来愈少人会跟你坦白，或愿意对你在他人眼中的形象给予直接的回馈。

　　在预防同情心不足症的方法中，或许可以加入哈佛商学院比尔·乔治（Bill George）教授所谓的"真正北方小组"（true north groups），在其中你可以从跟你熟稔的人口中得到诚实的回馈。另一个方法可能是创造一个愿意对你坦诚的、非正式的同事网络（或许在你的组织之外），经常与他们保持接触；或是在你公司内各阶层与可信任的朋友建立相同的网络。

高接触度的领导者会四处走动，私下花时间认识员工，这就等于为自己打了同情心不足症的预防针。领导者如果能创造让员工可以安心坦白的职场气氛，也是一样，甚至是对老板坦白。

4.

重新唤醒你对工作的热情

为你的人生找回意义和热情，并没有一体适用的解决办法。

然而，评估你的人生，并在脱离轨道时修正错误，

确实有策略可行。……

不管选择走哪一条路，你都需要时间反思——

一个思索你所在位置、未来方向，以及你真正想要成为什么的

机会。

2001 年 9 月 11 日，当全球数百万人盯着电视机目瞪口呆、难以置信地看着世贸大楼双塔倒塌时，很多人感受到伴随震惊和哀伤而来的另一种感觉：想要重整自己人生的冲动。人类生命的脆弱本质，以这般令人难以承受的方式清楚地暴露出来，迫使人们思考这个萦绕不去的问题："我真的有按照我想要的方式生活吗？"

　　我们一生中都在追问个人意义的问题。"9·11"事件突然让很多人正视这个问题，然而，想重整人生的冲动其实是大多数人周期性的经历，只是场景没有那么戏剧化罢了。举例来说，资深主管似乎在爬到事业顶端时会思考这个问题。为什么？很多主管在四五十岁时到达专业的顶峰，那正好是他们的父母走到生命尽头的时期，提醒我们凡是人都有一死。

此外，很多与事业成功有关的人格特质，例如解决问题的能力和毅力，引导人们在艰困的状况下坚持，期望能扭转局面。然后有一天，一种奇怪的感觉冒出来了：似乎有什么事不对劲。这个念头启动了一个过程，这在我们过去十四年培训经理人和主管的经验中，已经看过不下几千次。

这个过程很不容易，但是我们发现这种觉醒是健康的，也是必要的。领导者需要每几年就经历一次这个过程，以重新寻回他们在工作和生活上的热情。确实，领导者如果不清楚自己的梦想，就无法持续完成新目标和激励周遭的人。在本章里，我们会看到几个不同的信号，指出到了反思人生的时候了，无论你是一段时间以来一直被某种与日俱增的怀疑感催逼着，直到不能再假装不知道，还是经历了某个改变生命的事件，彻底改变了你的看法。

> 觉醒是健康的，也是必要的。领导者需要每几年就经历一次这个过程，以重新寻回他们在工作和生活上的热情。

接下来，我们会提供几个帮助你聆听这些信号的策略，采取恢复热情的行动。这类行动可能包括相当轻微的观念调整，或是重新更加专注于真正重要的事物，让你的实际生活走向全新方向的改变。

何时该暂停一下

　　大多数领导者被问到什么是驱动他们去领导、服务客户，以及支持一项计划或产品的动力时，通常会回答：热情。当那份热情消退后，他们开始质问工作的意义何在。你要如何重燃热情，重新连接对你而言具有意义的一切？第一步就是接受应该重新省视人生的信号。以下就来看看有哪些暗示时机已到的信号。

　　　　你要如何重燃热情，重新连接对你而言具有意义的一切？第一步就是接受应该重新省视人生的信号。

❋ "我觉得被困住了。"

有时候，原本令你感到满足的工作渐渐失去了意义，慢慢腐蚀你的热忱和精神，直到你不再能在工作上找到太多意义。人通常将这种状态描述为"感觉被困住"。他们烦躁不安，但似乎无法改变什么，甚至说不清楚究竟是哪里出了问题。

以鲍勃·麦道威尔的故事为例。他是一家大型专业服务公司的人力资源经理，在全心全意工作了二十五年后，鲍勃变得极度意气消沉，因为他的创新计划一再被删减，结果他长期下来的努力对于改善工作环境无甚帮助。多年来，他的唠叨已经转变为沉默。一方面是因为偶尔的成功，或是很罕见地有某位员工在他的指导下表现优异，带给他很深或是短暂的满足感。另一方面，这份工作具备功成名就的一般配备：头衔、金钱和额外津贴等。而就像大部分中年人一样，麦道威尔有经济上的责任，使他不能冒险拿生活稳定来交换个人的满足感。诸如此类的因素加起来，让人步伐沉重，期盼事情可以好转。但是依赖安全感或努力成为企业的好公民，结果可能是自陷于牢笼。

❋ "我很无聊。"

很多人把完成每日的工作目标，与做真正令自己满意的工作混淆，以至于继续设定和达成新的目标，直到他们发现自己意兴

很多人把完成每日的工作目标，与做真正令自己满意的工作混淆，以至于继续设定和达成新的目标，直到他们发现自己意兴阑珊。这种感觉通常会使人真正感到吓一跳，觉得似乎才从一场意识昏迷中醒过来。

阑珊。这种感觉通常会使人真正感到吓一跳，觉得似乎才从一场意识昏迷中醒过来。我们在一家成功的保险经纪商的老板尼克·米姆肯（Nick Mimken）身上看到这种情况，他不断感觉他在人生中失落了什么。他加入一个读书会，希望智性的刺激可以帮助他找回热情，但这并不够。事实是，他已经与梦想失联了，在工作上只是完成动作，丝毫不能从事业上的成功体验到任何真正的满足感。

　　像米姆肯这样的高成就者，可能难以接受他们会无聊的原因是常见的野心和决心成功的正面特质模糊了对乐趣的需求。有些人会对看似拥有一切时的烦躁感到内疚，其他人则会承认他们的工作没有乐趣，但相信那就是成功的代价。就像有位经理人曾说："我工作是为了生活，我并不期待在公司里找到更深的意义，我会在别的地方找。"这个问题出在哪里？就和很多人一样，这位经理人每周工作超过六十小时，让他几乎没有时间享受其他事物。

✳ "我并不是我想要当的那种人。"

有些人慢慢适应工作中的这种失望、沮丧，甚至烦闷，直到他们向不适合自己，也不是真正想要做的例行公事完全投降。就举约翰·劳尔（John Lauer）为例，他是位很具启发性的领导者，在接任百路驰（BFGoodrich）[1] 的董事长职位后，很快就以对公司面临的挑战和机会的洞见，以及具有感染力的事业热情，赢得了顶头上司的支持。

但是在他工作六年后，我们看劳尔对一群主管级管理硕士毕业生的演讲，发现他已经失去了昔日的光彩。这段时间下来，劳尔已经融入一套专注于股东价值的企业文化，与他真正关心的事物并不一致。毫无意外，半年后他就离职了，从企业的生活抽离，加入他妻子在匈牙利救援机构的工作。他后来承认，在百路驰的最后一段时间里，他知道他身不由己，虽然他并不真的知道为什么会这样。

劳尔是如何从他的核心中迷失的？首先，这种改变是非常渐进的，因此他并未察觉自己被吸纳进一个不适合他的文化。其次，

---

[1] 编注：美国的轮胎品牌。

就像很多人一样，他做了他觉得"应该"做的，那就是跟着官僚体系随波逐流，做出一次又一次微小的让步，而非听从内心的声音。再次，他展现了有效领导者的一种标准特质：适应性。起初，适应企业文化可能使劳尔感觉比较舒服，但是在没有强烈的自我觉察之下，人们冒险适应的代价，常常大到连自己都不认识了。

❋ **"我的道德不容妥协。"**

该反思人生意义的信号，也可能以某种挑战的形式出现。就像尼尔·菲茨杰拉德（Niall FitzGerald）的例子，他现在是联合利华的联席董事长，他曾经被要求到南非接任领导职务，当时的南非仍实行种族隔离的制度。这项任命案被大家视为令人自豪的成就，也显示出他在联合利华的光明前途。到那时为止，不管被派任到哪里，菲茨杰拉德几乎每一次都会接受，但这次南非任职却让他中途刹车，因为那无异于对他的原则提出直接的挑战。凭良心说，他怎么能接受到一个不论政治或实际环境都让他觉得应该受谴责的国家工作？

再来看这位名叫罗伯特的经理人的案例。他在替几位很支持他也很真诚的老板工作过后，发现自己的顶头上司马丁的管理风格与他的价值观有直接的冲突。这个人虐待性地对待属下，已经阻碍了好几个年轻人的职业前景，但是他在公司里仍然像个传奇人物。令罗伯特头痛的是，资深管理阶层却欣赏马丁的表现，而且坦白说，他们甚至还觉得年轻的经理人能在他陆战队中校型的领导风格下接受一段训练是很有益处的。

当你发现一个经验与你的价值观有冲突时，就像菲茨杰拉德和罗伯特的处境，你至少可以清醒地选择该如何响应。问题是，人们通常错过这种特别的信号，因为他们遗失了自己的核心价值。有时候他们会刻意把工作与个人生活分得很清楚，所以不会把个人的价值观带进办公室。结果，他们可能接受，甚至做出在家时认为不能接受的行为。有些人则发现工作变成了他们的生活，事业目标比一切都更重要。很多很重视家庭观念的主管，最后变成一天工作十二小时，错过愈来愈多家人的晚餐，只为了追求工作上的成功。这些案例中，人们可能没有听到那声警讯，就算有，也可能只是感觉有什么事不对劲，但是无法明确指出来或去改变它。

IQ   当你发现一个经验与你的价值观有冲突时……你至少可以清醒地选择该如何响应。问题是，人们通常错过这种特别的信号，因为他们遗失了自己的核心价值。

❋ "我不能无视那个召唤。"

警告信号可能以某种任务的形式出现：一股难以抗拒的力量，驱使人们站起来、跨出去，接受这项挑战。就好像他们突然明白自己要做的是什么，不能再继续忽视下去。

这样的召唤通常是灵魂上的，就像某位主管的例子，他在检视自己的价值观和个人愿景后，决定辞去工作，成为牧师，买下一栋房子，成立了教会。这一切都发生在他五十五岁时。但是召唤也可能以其他方式展现，例如去当老师，去帮助弱势儿童，或是去改变你每天遇见的每个人的生命。丽贝卡·允（Rebecca Yoon）经营着干洗事业，她发现，跟客户有个人层面的联结是她的使命。她对客户持续而真诚的关注，创造了店里客户极高的忠诚度，即便她提供的干洗服务和市内其他数百家业者并没有两样。

❋ "人生太短了！"

有时候就是需要借由不论大小的创伤，逼得自己不得不用力去检视自己的人生。这种觉醒可能是一次心脏病、失去爱人，或一场世界性的灾难，也可能是某个没那么戏剧化的事件的结果，比如适应空巢期，或是庆祝重要的生日。在这些时刻，事情的优先级变得特别清楚，而几个星期、几天甚至几分钟以前看似重要的事，现在已变得无关紧要。

　　举例来说，梅戴维斯集团（May Davis Group）的约翰·保罗·德维托（John Paul DeVito）在"9·11"当天，从世贸大楼的其中一栋楼惨烈、英雄般地逃脱后，跌跌撞撞、满脸泪水地走进一座教堂，急着打电话回家。一位警员试图使他的心情缓和下来，德维托响应他："我没有受到惊吓。我这辈子从来没有这么清醒过。"即使在他哀悼朋友和同事的过程中，他仍然对人生充满热爱。而现在他正在重新检视优先次序，他很惊讶自己在那个可怕的经验之前，竟将工作职责置于几乎高过一切的地位。

　　德维托并不是唯一这样做的人。坊间证据显示，在"9·11"悲剧发生后，很多人都觉得需要寻找人生的新意义，因为这个事件清楚点明了一个事实，那就是人生随时都可能终止。2001年12月26日《华尔街日报》（The Wall Street Journal）的一篇文章，描述两个女人在此攻击事件后做了重大的改变。双子星大楼遭受撞击后，五十二岁的工程师贝蒂·罗伯茨（Betty Roberts）到纽约参访事故地点，之后不久她便辞去工作，进入三一神学院就读。奇姬·温特沃思（Chicki Wentworth）决定放弃她拥有并管理近三十年的办公餐饮大楼，转而投入关怀问题少年的工作。

　　但是如同我们所说，人一生中即使在平凡的环境下，也会面对令人警醒的事件。年过四十，结婚，退休，这些只是生活中的几个时间点，我们很自然会暂停下来，思考我们的选择会将自己导向何方，并检视成就与梦想的差距。

　　有趣的是，比较能令社会接受的，是对震惊或伤痛事件的反应，而不是对其他事情。结果是，感到被困住和厌烦的人，通常会继续做这份令他们痛苦的工作，以至于更容易罹患跟压力相关的疾病。而且，更细微的信号，比方说随着时间增加的不安感，很容易错失或被忽略，因为它们在日常生活中的影响是渐进的。但是，提醒你必须重新检视人生的信号，就跟肉眼可见的事件一样重要。你如何学习倾听重要的信号，以便能及时予以回应？这需要觉醒且有纪律地努力，定期检视自己的生命。

重燃热情的策略

为你的人生找回意义和热情，并没有一体适用的解决办法。然而，评估你的人生，并在脱离轨道时修正错误，确实有策略可行。大多数人追求的不是单一策略，而是一套方案，有些人寻求外部协助，另一些人则偏好踽踽独行。不管选择走哪一条路，你都需要时间反思——一个思索你所在位置、未来方向，以及你真正想要成为什么的机会。我们来看看以下这五种方法。

❈ 要求暂停

对某些人而言，休息是最好的方式，让他们仔细去想自己真正想要做的事，重新与梦想连接。长久以来，学术机构都借六到十二个月的轮休来使人们恢复精力，那通常是有薪假。有些企业也提供轮休，让员工带薪休假去追求自己的兴趣，同时保证销假之后仍能回到工作岗位，但坦白说，真的这样做的人非常少。通常，商业人士会利用自己的时间休假；这确实是一项冒险，但很少有人会在脱离轨道后后悔所做的决定。

这就是稍早提到的人资经理鲍勃·麦道威尔选择走的路；他感觉被工作困住，于是请辞。他并没有继续找下一份工作，而是花了八个月整理自己的人生。他思考自己的成功和失败，面对自己完全奉献于一份到头来并不能满足的工作所做的牺牲。其他休假的主管则没有这么大的企图心，他们只想把工作撇在脑后一阵子，专注地过自己的生活。一阵子之后，他们可能很开心地回到工作多年的职场，迫不及待地用更新的热情拥抱相同的挑战。

还有一些人可能会想离开快节奏的职场生活，给自己的心灵放个假，做些不一样的事。例如，保险经纪商的老板尼克·米姆肯对工作感到厌烦时，就整理、反省他的人生。最后他终于发现他的工作无法激发他的热忱，于是决定卖掉公司，只留下一些客户，便跑去学雕塑。之后，为了追求他对户外雕塑的兴趣，特别是石头喷水池，他去帮一位景观设计师做单日劳工。现在他和他的妻子住在马萨诸塞州楠塔基特，已经不再为了生存而工作，而是在工作中生活。他在探索一切对他说话的事物，不管是石雕、铜铸模或野生动物保育，还是教导别人如何管理金钱。尼克对他的工作以及如何生活有了深深的热情，他称自己为生命探险家。

在任何事件中，不管是密集的、探索灵魂的练习，还是暂别职场生活，大家几乎一定会发现休息能使人恢复活力。但是要跨出那一步不容易。没有待办事项列表，没有会议或电话，没有固定架构，对高成就者而言，要放弃例行公事可能很困难。对某些人而言，失去经济来源，出走的举动就更不可能发生。对许多将自己的身份认同维系在职业生涯上的人来说，离开一份工作，感觉是太大的牺牲。确实，我们也看过有人休息一两个星期就跳回原来的轨道，他们没有从休假中得到什么好处，只因为无法忍受不工作的生活。

❈ 找一门课程

休假可能只是一次令人恢复精神的暂停，但是一项领导者或主管发展计划是更具结构的策略，引领人们探索梦想，并打开新的视野。

记得前面提到的约翰·劳尔吗？他离开百路驰两年后，仍然在为匈牙利的难民服务（这就是他的暂停时间），并且仍然声明他不想再经营公司。然而，他在寻找下一阶段的事业时，决定攻读工商管理博士学位。在研究所里，他选修了一门领导者发展研习课，课堂上一系列的练习，迫使他厘清自己的价值观、人生哲学、热情和优势。

几个省思的方法

一旦你失去热情和梦想，例行的工作和思维习惯可能会使你很难再与之连接。这里有些方法可以帮助大家脱离这些例行事务，让梦想得以再次浮出水面。

❄检讨过去

你可以一个人，也可以跟你信任的朋友和顾问一起定期审视你的人生。花一两小时画出你的"生命线"：从童年开始，设定高分和低分，也就是带给你极大快乐和极大忧伤的事件；标示出你感到最骄傲、最兴奋，以及最强壮和清醒的时刻，还有你感觉失落和孤单的时间；为自己指出转折点——当与你有关的一切从根本处改变的时候。

现在，看一下整个画面，那些深层的主题是什么？什么事情不管在什么情形之下，似乎永远清晰？在你着手改变生活时，何种价值观似乎最常产生最大的影响？你通常是走在正面乐观的路上，还是一路上有很多高低起伏？何时是幸运或命运降临的时刻？

现在，转向最近的过去，想想以下问题：在工作上有什么改变了，什么没有改变？我此刻的感觉如何？这段日子以来我如何看待自己？我活出我的价值观了吗？我开心吗？我的价值观仍然符合我在工作上需要做的事，以及我的公司在做的事吗？我的梦

在你着手改变生活时，何种价值观似乎最常产生最大的影响？你通常是走在正面乐观的路上，还是一路上有很多高低起伏？何时是幸运或命运降临的时刻？

转向最近的过去，想想以下问题：在工作上有什么改变了，什么没有改变？……这段日子以来我如何看待自己？我活出我的价值观了吗？我开心吗？……我的梦想改变了吗？我仍然相信自己对未来的愿景吗？

想改变了吗？我仍然相信自己对未来的愿景吗？

✹ 定义你的人生原则

想想你人生中各个重要的层面，例如家庭、关系、工作、心灵和身体健康。在这些领域你的核心价值观是什么？列出五到六项原则，作为人生的指引，并且思考它们是否是你真正活出来的价值，还是你只是嘴上说说而已。

✹ 延伸视野

试着写一两页关于剩余的人生想做的事。或许你想要在一张纸上从一排到二十七号，列下你在死前想去做或是体验的事。不必觉得需要在第二十七项就停止，也不要忧虑优先级或实际不实际，只管写下你想到的所有念头。

这个练习比看起来困难，因为人性就是习惯思考接下来应该做的事，明天、下星期，或是下个月以前。然而，以这么短浅的视野，我们只能专注于紧急的事，而非重要的事。当我们以延伸的视野来思考，例如在死以前想要做的事，就能开启一系列新的可能性。我们在与领导者做这项练习的时候，发现了一个很惊喜的趋势：大多数人写下了几个事业目标，但是清单百分之八十以上列的都是与工作无关的事项。当他们做完练习，反思自己写下的内容时，他们发现了一些能够帮助他们开始将梦想和热情具体化的模式。

❊ 想象未来

试想，如果从现在算起的十五年后，你过的是理想中的生活，那你会坐在哪里读这篇文章？你身边是一些什么样的人？你的环境看起来、感觉起来如何？你在日常的一天或一个星期中会做些什么事？不要担心你创造出的这种人生可不可行或可不可能，而是要扩大这个意象，将你自己置于画面中。

尝试就自己的意象做一些自由书写，把你的愿景录下音来，或是跟一个值得信赖的朋友讨论。很多人告诉我们，他们在做这个练习时，感受到能量的释放，甚至感觉比几小时之前更乐观。像这样想象一个理想中的未来，可能是极为有效的方式，让你与改变生活的可能性连接。

劳尔在思索人生接下来的十年，以及检讨他的能力时，发现他抗拒经营公司这件事，事实上反映了他对重复在百路驰的经验的恐惧。事实上，他热爱置身组织顶层，因为这样他可以传达愿景，并带领公司前进；他也喜欢跟思想相近的主管团队工作。突然，他了解到自己很怀念董事长工作的这些面向，还有，在对的环境下，担任董事长可能很有乐趣，如果他可以实践他研究发展的构想。

有了这份重新领导的热情，劳尔回复了几通猎头公司的电话。

一个月内，他就得到了奥格尔贝诺顿公司（Oglebay Norton）董事长及执行长的职位，这是一家市值两亿五千万美元的原料公司。在这家公司里，他展现了民主型的领导风格，欢迎员工提出意见，并鼓励领导团队也这么做。他的一位主管告诉我们："劳尔提高了我们的士气、自信，还有对追求卓越的热情。"虽然这家公司经营的项目只是平凡无奇的原料和砂石，但劳尔在第一年内便带来很多改善，以至于公司获得《财富》《彭博商业周刊》及《华尔街日报》的特别报道。

另一位我们认识的主管蒂姆·施拉姆科（Tim Schramko），过去在健康照护公司有丰富的工作管理经验。他开始教书是为了消遣，在完成事业上的任务之余，他逐渐增加课程量，但是却让自己疲惫不堪。直到他经历一次结构性的改变，设计出自己理想的未来，他才发现自己有教书的使命。一旦清楚了这点，他就开展一份计划，让自己在两年内从公司的职责抽身。现在他已经是全职教员了。

很多教育机构提供课程支持这类职业生涯的转换。而且，有些公司了解，领导者如果有机会重新与梦想连接，回到职场后似乎活力和投入程度都会倍增，因此也会发展出企业本身的课程。当然，其中的风险是，经过认真的反思之后，参与者可能会决定辞去工作。但是在我们的经验中，大部分人士都在现有的职位上

> 领导者如果有机会重新与梦想连接，回到职场后似乎活力和投入程度都会倍增……在现有的职位上找到了意义和热情。无论如何，真正离开的人，原本就不在对的位置上。他们迟早会明白这一点。

找到了意义和热情。无论如何，真正离开的人，原本就不在对的位置上。他们迟早会明白这一点。

❋ 创造"省思结构"

　　领导大师沃伦·本尼斯（Warren Bennis）在 1990 年初访问过各行各业的领导者，发现他们都具有与对自己而言重要的事物保持连接的方式。他们在生活中设置了本尼斯称为"省思结构"的自我检视的时间和空间，不管是一星期数小时、一个月一两天，还是每年更长的一段时间。

　　对很多人而言，宗教信仰提供了省思的通道，其中有些人会在一天或一星期当中安排时间做祷告或静坐。但省思不需要和组织化的宗教信仰连接。运动是很多人的出口，有些主管会在日程表中留出时间规律地健身。有一家设备公司的执行长，每星期预留八小时的自我省思时间，在那段时间内，他可能悠闲地散个步，或是在自家的店面工作，或是骑哈雷摩托车出去兜风。不管你如何花这个时间，重点是离开你的工作职责，与自己的思想对话。

我们也看到愈来愈多人寻求集体省思的机会，与同伴分享他们的梦想和挫折。在第三次领导合益集团重要部门时，默里·达尔齐尔（Murray Dalziel）决定在生活中建立省思时间，参加一个月聚会一次的执行长小组。从某方面来说，这个小组使彼此间思考、谈话和学习有了正式的渠道。成员共同创造了有信任感的社群，可以分享诚实的回馈，这对大多数主管是很稀有的资源。所有的人都获得实质的好处；他们彼此交换改善流程或是克服棘手情况的诀窍。

❋ 跟教练请教

有时候，我们自身的偏见和经验会让自己无法走出困境或是令人困惑的情况；我们需要一个来自外部的观点。非正式的协助可能来自家人、朋友和同事，或是擅长帮别人看见自身优点并找到新方法的专业教练。

当那位人资经理鲍勃·麦道威尔离开职场时，他找了不同的人和专业渠道，帮助他决定未来的走向。麦道威尔在一个主管教练的过程中，找出了什么对他的人生很重要，并将之转化为他在工作上视为最根本的核心，让他可以对个人生活中不能再妥协的部分画出清楚的界线，包括健康和运动、与家人共度的时光、个人喜好和其他的兴趣。最后，他找到与猎头合伙的新事业。他从来没有想过会做这类工作，但是这样的工作却符合他帮助别人和公司的热忱。此外，他的灵魂探索点燃了新工作的创意，让他结合传统的组织顾问与搜寻人才的程序，发现了不寻常的可能性。除了一般的猎头工作之外，他还协助公司找到了可以大幅提高业绩，以及对公司成功而言绝对必要的人脉。

教练对麦道威尔的自我省思提供了什么帮助？也许最大的帮助是一份信赖、保密的关系，以及做梦的空间。这是很多主管不敢面对的事，主要是因为社会的期待和家庭的负担过重。麦道威尔和很多人一样，在开始进行这个过程的时候，认为他只会缩小重要事项的范围，将目标明确化，并规划出新的专业途径。但令他意外的是，教练的视野帮助他在生活中每一个部分都看见新的机会，而不只在工作方面。

然而，有时候教练只能帮助你明白某种程度上已经知道的事。举例来说，理查德·怀特利（Richard Whiteley）是一家很成功的国际顾问公司的联合创办人，也是好几本畅销书的作者；他觉得他的人生不像以前那样有趣了，他感到非常不安，想要有所改变。所以他开始去做一些工作，借由发展灵性的方式帮助商业人士提升效能。他想要完全离开顾问的职务，投入灵性的工作，但却陷入两难。他转而求助于一位灵性领导者，对方却告诉他："不要去想灵性的工作，只要专注在你一直在做的事上。"只有在被迫选择错误的道路时，理查德才会明白他真正想做的事是什么。几个月之内，他就投身写作和演讲，主题几乎完全是灵性和对工作的热情。他做得有声有色。

✳ 在熟悉的领域找到新意义

你的状况不理想，换工作或去新的地方也不见得总是可行。坦白说，很多人不想做这样重大的改变。但是做一些小小的调整，让你的工作更直接地反映你的信念和价值观，通常比你想象的更容易——只要你知道自己需要什么，而且有勇气去冒险。

回到尼尔·菲茨杰拉德的故事。他当时面对是否要到南非居住和工作的决定。菲茨杰拉德是个坚强而有纪律的人，也是优秀的企业员工，他最后决定打破公司文化，用一个前所未有的条件

> EQ　你的状况不理想，换工作或去新的地方也不见得总是可行……但是做一些小小的调整，让你的工作更直接地反映你的信念和价值观，通常比你想象的更容易……

接受职务调动：如果前半年他发现自己无法忍受在南非的生活，那么公司允许他在联合利华接任其他的职务，他不需要提出理由。之后，他便开始全面实行在新工作环境中投注正面影响的方法。

身为大企业的领导者，菲茨杰拉德当然有些影响力，但是他知道他不能直接巴结当地政府。他的反应是：找出可以改变的地方，然后全力去做，再和体制周旋。举例来说，当他盖新工厂的时候，建筑师给菲茨杰拉德看的设计图上有八间厕所——男厕及女厕各四间，并且区隔四个主要的族群，这是法律规定的。这八间厕所总共会占据整个楼的四分之一。

菲茨杰拉德拒绝了这项设计，并宣布他要盖两间厕所，一间男用，一间女用，并使用最高规格的盖法。工厂兴建完成后，官员来检查，注意到这个差异，问他打算如何处理。他回答道："这些厕所没有区隔，因为我们选择不这么做，我们不赞同种族隔离。这些是很好的厕所设备，你可以在地上吃午餐，我不会有意见。你如果有问题，就必须决定你要怎么做，我什么都不做。"

南非政府并未立刻响应，但是后来法律悄悄地改变了。菲茨杰拉德的反叛行径不大，却符合他的价值观，也是他秉着良心能够采取的唯一立场。做出能让身边的人过得更好的改变，我们的工作就会变得有意义，而且对很多人而言，这会引导他们重新投入工作。

　　罗伯特身为经理人,发现他的顶头上司是个有虐待性格的人,对罗伯特而言,第一步是向内检视,承认每一天都会是个挑战。核心价值观变得非常清楚,他因此能决定每时每刻该如何对马丁的要求接招。他可以分辨某个特定的情绪反应,究竟是他对自己不尊重的人发自内心的响应,还是因为他必须去收拾某些烂摊子。他可以选择去做他认为对的事,或是去迎合感觉错误的事。他清晰的思想使他能保持冷静和专注,在工作上表现良好,照顾事业及周围的人。

　　到后来,罗伯特从一个困难的情况中全身而退,他知道他保持了诚信,同时并没有牺牲事业,那时他甚至在专业上亦有所成长和学习。即使环境已经改变,现在他仍然在使用为马丁工作那几年发展的"测压计"(barometer),来检测他的行动和决定是否违反他的价值观。

　　另一位我们协助的主管巴特·莫里森(Bart Morrison),十年来经营一家非营利机构,被赞助者、接受计划者,以及政策制定者等公认为成功人士。然而,他觉得烦躁不安,他不知道如果他转任企业主管——意味着他将有更高的收入——是否能满足他想要新挑战的渴望。莫里森并不是真的需要更多的钱,虽然有的话也无妨,而且他对社会工作有很深的使命感,对他的工作也很投入。他也承认,在私人企业上班实际上不会带给他任何有意义的新挑战。在我们合作的过程中，他想出继续在非营利领域工作可以采取的不同方法；他想到他可以写书和演讲。这些新活动给了他一直在寻找的兴奋感，也让他能忠于他的天赋。

值得注意的是，当员工开始问："我正在做的是我的人生想做的事吗？"主管通常会感到威胁。这个风险非常真实，因为回答将是否定的，公司也可能失去很有贡献的员工。因此，主管可能会压抑员工有这类探索的冲动。很多主管也会避免去聆听自己内在的信号；他们害怕在更进一步检视他们的梦想和热情之后，将会揭露自己严重的失望感，因为如果想真实地面对自己，可能会需要放弃工作，以及牺牲他们努力达成的一切。

虽然人们不再期待领导者有所有的答案，但是他们确实期望领导者对这些质疑保持开放的态度，亦即试着保持自己的热情，并且支持员工经历同样的过程。毕竟，每个人迟早会觉得迫切需要重整自己的人生。如果能给他们机会听取那个召唤，他们将来很可能会越发强壮、明智，也会比以往更有决心。

进入顺流状态

原刊登于 LinkedIn.com

2013 年 11 月 18 日

"顺流"指的是我们感觉对事情很有把握，能毫不费力地去做，而达成最佳效果的状态。这个概念是芝加哥大学的研究员提出的，他们询问来自不同领域的人："请告诉我们你曾经表现超出自己能力的经验，也就是你的巅峰表现。"不论回答的人是谁，例如芭蕾舞者、象棋冠军或外科医生等，他们全都描述了这种顺流状态。顺流的最典型特征之一是：感觉棒极了。

如今我们都了解，处于顺流这种特别的时刻，我们的工作表现最好。对主管而言，协助员工进入并维持在顺流状态，意味着员工将以最佳的能力工作。

但是首先，你要如何进入顺流？我可以想到三种主要方式。

第一，是使一个人的任务符合他的技术范围。在芝加哥大学的这份研究中，这个方法是去计算个人的能力与任务要求的比值。当一项挑战愈要求我们使用最佳的技能时，我们就愈可能进入顺流的状态。

如果我们接受的挑战不足，亦即事情太容易了，表现就会打折扣，最后会觉得无趣或心不在焉。有些数据显示，这就是非常多知识工作者面临的困境。提高困难度可使这些人投入更多，少数幸运儿也许能进入顺流。

另一个进入顺流的渠道，是找到我们所爱的工作。做自己有热情的事，是"好工作"的一个信号，这是哈佛大学霍华德·加德纳（Howard Gardner）教授、斯坦福大学比尔·戴蒙（Bill Damon）教授，以及"顺流"的发现者米哈伊·奇克森特米哈伊（Mihalyi Csikszentmihalyi）的研究主题。在一份好工作中，我们将自身最擅长的项目与最吸引我们投入的事，以及最符合我们对意义和目的感的事结合。好工作让我们进入一种心智状态，让顺流得以自然发生。

最后一个进入顺流的方法是：全神贯注地聚焦。我们在一项任务中的专注力愈强，就愈可能在进行的当中进入顺流状态。其他进入顺流的途径则仰赖正确的外部因素——挑战或要求所占的比值，或是找到能结合道德、卓越表现和承诺的工作。我们愈能聚焦于所选择的事项，并忽略令人分心的事物，我们的专注力就愈强。

　　强大的专注力可以将我们带进顺流，无论手上的工作是什么。这是一种发展和锻炼内在的力量。举例而言，保持正念，是锻炼注意力的一种方式，特别是我们运用正念去注意自己何时从既定的焦点游离，而恢复注意力。根据埃默里大学的研究，这个方式其实是在心灵健身房中增强注意力的基础反复动作。

　　我们可以运用自己的时间提升这个能力，就像下班后去健身房一样。每天都做心灵运动，把呼吸当成注意力的焦点，持续将游移的心思带回到呼吸上，这样做将增强你的专注力。规律的脑部训练将帮助你找到进入顺流的方式，不管你做的事是什么。

5.

社交智商与领导生物学

平均而言，女性比男性更能立即感知他人的情绪，

但是至少在职场领域，男性更有社交的自信。

在一般大众之中，社交智商上的性别差异很大……

但是在绩效最好的男性和女性主管之间却没有差别……

很显然，性别并不影响神经元的命运。

我在 1998 年发表了第一篇关于情绪智商及领导学的文章（《领导者的必备特质》），反应非常热烈。企业界内外人士开始谈论同情心与自我认识对于高效能领导的重要性。情绪智商的概念持续在领导学相关文章与平时的教练活动中占有一席之地。但是过去五年来，社会神经科学这个新兴领域，对人类互动时大脑产生的变化进行研究，已经开始揭露新的、微妙的成为杰出领导者的真相。

　　明显的发现是，领导者做的某些事情，特别是在展现同情心和对他人的心情感同身受方面，会直接影响到他们自己和属下大脑的化学变化。确实，研究者发现，领导者与跟随者的运作动态，

> 领导者做的某些事情，特别是在展现同情心和对他人的心情感同身受方面，会直接影响到他们自己和属下大脑的化学变化。

并不是两个（或以上）独立大脑的有意识或无意识的互动现象，而更像是双方各自的心灵在某种意义上融合成了单一系统。我们相信，伟大的领导者，是那些行为上可以主宰大脑这种联动系统的人。我们定位这样的领导者，其神经网络的联动系统，与有严重社交障碍者（例如泛自闭症障碍，特征是大脑的社交互动相关区域发育不足）是互为极端的。如果我们的假设正确的话，将会导出一个成为优秀领导者的有效方法，那就是找到真实的情境，并从中学习是什么样的社会行为能够增强脑部的社交回路。换句话说，有效的领导，比较而言，与熟悉状况，甚至是社交技巧无关，反而更有关系的是，同你所需要合作及支持的伙伴发展出彼此真正的兴趣和才能来营造正面的感觉。

有效领导具备强而有力的大脑社交回路，这个想法促使我们延伸了情绪智商的概念，此概念的基础则是个体心理学的一些理论。而一种更以"关系"为基础的架构来评估的领导力，便被称为社交智商，我们将其定义为一组植根于特定神经回路（及相关内分泌系统）的人际能力建置，它能激励他人有效行动。

领导者需要具备社交技能，这个概念当然不新潮。1920 年，哥伦比亚大学心理学家爱德华·桑戴克（Edward Thorndike）即指出，"工厂里最好的技工，可能会因为缺乏社交智商而成为失败的领班"。更近期的研究——我们的同事克劳迪奥·费尔南德斯－阿劳斯（Claudio Fernández-Aráoz）关于新的 C 级主管的一篇分析——发现，因为自律、积极和智力水平高而被雇用的人，后来有时会因为缺乏基本的社交技能而被解聘。换句话说，费尔南德斯－阿劳斯研究的人当中，有些人具有聪明的优势，但是无法在职场上与同事社交，造成专业领域上自我挫败的结果。

我们对社交智商的定义，新颖之处在于生物的基础，这在接下来几页中会谈到。我们将援引神经学家的研究、我们自行研究的成果和顾问服务，以及"组织 EI 研究协会"（Consortium for

> 因为自律、积极和智力水平高而被雇用的人，后来有时会因为缺乏基本的社交技能而被解聘。换句话说……有些人具有聪明的优势，但是无法在职场上与同事社交，造成专业领域上自我挫败的结果。

Research on Emotional Intelligence in Organizations）的相关研究发现，说明如何将关于镜像神经元、纺锤状细胞、振荡器（或译为"共振器"）最新取得的知识，运用于实际、社交智能行为，以强化你和员工之间的神经链接。

员工会直接模仿领导者

也许近期最惊人的行为神经科学发现，是确认镜像神经元在大脑散布的区域。意大利神经学家在监测猴子脑内一种特定细胞时，意外发现，只有在猴子举起手臂时该细胞才会有反应。有一天，一个研究室助理把冰淇淋甜筒举到嘴边，引发了猴子细胞里的反应。这是第一个证据，证明大脑充斥着模仿和反映其他人动作的神经元。

这些之前无法归类的大脑细胞的运作，像是神经的 Wi-Fi，允许我们航行于社交世界。当我们有意识或无意识地通过他人的动作，侦测到对方的情绪，我们脑部的镜像神经元就会复制这些情绪。这些神经元集体创造了立即的共同经验感。

镜像神经元在组织内尤其重要，因为领导者的情绪和动作会促使跟随者反映这些情绪和行为。启动下属脑中神经回路的效果可能会非常强大。我们的同僚玛丽·达斯柏若（Marie Dasborough）在近期的研究中观察两组人士：一组收到负面的绩效表现回馈，伴随正面的情绪信号，也就是点头和微笑；另一组收到正面的绩效表现回馈，伴随批评的态度，也就是皱眉和眯眼。后续的访谈目的，是比较两组的情绪状态。

　　其中，收到正面回馈伴随负面情绪信号的人表示，对于自己的绩效表现，感觉比收到友善的负面回馈者来得差。实际上，传达的方式比信息本身更重要。每个人都知道，当人感觉良好时，表现也会更好。所以，如果领导者希望员工有最佳表现，应该继续提出要求，但是必须使用能让团队产生正面情绪的方式传达。旧的胡萝卜和大棒的赏罚方式对神经元来说行不通；传统的诱因制度真的不足以带出下属的最佳表现。

　　以下是一个例子。原来，我们有一组镜像神经元子集，它的工作是侦测他人的微笑和笑声，激发响应的微笑和笑声。自制而

　　　　实际上，传达的方式比信息本身更重要。每个人都知道，当人感觉良好时，表现也会更好。所以，如果领导者希望员工有最佳表现，应该……使用能让团队产生正面情绪的方式传达。

缺乏幽默感的老板，很少能启动团队成员脑中的这些神经元，但是一个会大笑、营造轻松气氛的老板，能够启动这些神经元，刺激自发性的笑声，而在互动的过程中将团队更紧密地凝聚在一起。

　　我们的同事法比奥·萨拉（Fabio Sala）的研究也显示，有情感链接的团体能够交出好的成绩。他发现，表现最好的领导者引起属下发笑的频率，比表现中等的领导者平均高出三倍。我们的研究发现，处于好心情，能帮助人有效吸收信息、敏捷而有创意地响应。换句话说，笑是很正经、重要的事。

　　波士顿一家教学医院真的被笑声改变了。两位医生，姑且称为柏克医生和汉博德医生，正在激烈角逐经营医院和其他事业的企业执行长。两人都是科室主任，都是优秀的医生，在知名的医学期刊发表过许多被广泛引用的研究报告。但是这两人的个性大相径庭。柏克性格强烈，专注于任务，个性冷淡，是个极端完美主义者，强硬的语调经常让同事战战兢兢。汉博德的要求也很高，但是他非常平易近人，甚至很调皮，跟病人之间也如此。观察者注意到，在汉博德部门的员工微笑、彼此戏谑，甚至直言不讳的情形，比在柏克的部门更常见。重要的人才通常最后会离开柏克的部门，相反，优异的人员则聚集在汉博德更温暖的工作气氛下。医院资方董事会见识到汉博德极具社交智商的领导风格，于是选聘他为新任执行长。

"灵敏"的领导者

优秀的主管经常谈到用"心"领导。确实，不论在任何情况下，拥有良好的本能反应（instinct），普遍被认为是领导者的优势，无论是在解读组织的情绪，还是与对手进行敏感的谈判时。领导学家将这种天赋特质，描述为辨认类型的能力，此能力通常是由大量的经验产生的。他们的建议是：相信你的本能反应，但是做决定之前要搜集很多意见。当然，这个做法理论上正确，但是经理人不总是有时间咨询几十个人。

神经科学的发现显示，这样的脑部社交回路的解析方法可能过于谨慎。直觉判断（intuition）也是大脑的功能之一，部分由一种因其外形而被命名为纺锤状细胞的神经元产生。它的大小约为脑细胞的四倍，有额外加长的分支突触，更易于黏附于其他细胞，也能更快传导思想和感觉到其他细胞。这种超快速的情绪、信念和判断的链接，创造了行为学家所谓的社交导引系统。一旦我们需要从很多反应中选择最佳的一种，纺锤状细胞可引发神经网络进行运作——即使是像整理待办事项列表上的优先级这种例行事务。这些细胞也帮助我们衡量某人是否值得信赖、是否适合某项职务。纺锤状细胞在二十分之一秒内就会产生很多信息，告诉我们对那个人的感觉；这种"薄片撷取型"（thin-slice）的判断可能非常准确，如后续量度指针显示的结果。因此，领导者如果能对他人的情绪感同身受的话，就不要害怕遵行这些判断。

这类的调和可以说是身体层面的。有效领导者的跟随者会感到与领导者和谐一致，或如我们同事安妮·麦基（Annie Mckee）所说的"共振"。这种感觉大致来自无意识，但是另一种神经元也参与活动：共振器会借由调节人如何及何时一起动作，来协调人的身体。当你看两个人接吻的时候，你会看到共振器正在作用；他们的动作看起来像跳舞，一个身体合作无间地回应另一个身体。两个大提琴家一起演出时，也会发生同样的动能。他们不仅拉出一致的音符，而且由于共振器的作用，两位音乐家的右半脑，会比各自大脑中的左、右半脑协调得更加紧密。

燃烧你的社交神经元

　　在我们周遭，社交神经元的活动显而易见。我们曾经分析过一段赫布·凯勒赫（Herb Kelleher）的影片，他是西南航空联合创办人及前执行长。在影片中，他在达拉斯市爱田机场航站楼的走廊中漫步。我们几乎可以看到他启动了遇到的每个人的镜像神经元、共振器和其他社交回路。他的笑容灿烂，与顾客握手时会说很感谢他们惠顾，也会拥抱员工，谢谢他们的付出。他所接收到的，正是他给予别人的。很典型的例子就是，一位空乘因为很意外地遇见老板，她的脸突然就明亮了起来。"噢，我的甜心！"她脱口而出，洋溢着温暖，并且给了他一个大大的拥抱。她后来解释："我们每个人都觉得跟他像是家人。"

　　不巧的是，如果你本来就不是像凯勒赫或汉博德医生那样的人，那就实在不容易把自己改变成像他们一样。目前我们已知，尚未有清楚的方式可以增强镜像神经元、纺锤状细胞，以及共振器；它们是在人与人交会时的几千分之一秒内被启动的，而且确切的作用模式仍然不明。此外，有自觉地展现社交智能的企图，通常会弄巧成拙。当你刻意与另外一个人做同样的动作，发生反应的就不会只有共振器。在这种情况下，大脑会使用较不敏捷的回路来起始和引导动作，结果会让互动的感觉很不自然。

唯一能有效发展社交回路的方式，就是开始努力改变你的行为。对领导发展有兴趣的公司，一开始需要先评估个人接受改变计划的意愿。急切的候选人首先应该建立个人改变的愿景，然后进行彻底的诊断评估，就像医学上的检查，以指出社交上弱势和优势的地方。有企图心的领导者获得这些回馈后，可以接受特定方面的训练，有效发展及提升社交技能。训练范围可能从演练更好的互动方式、把握每次尝试的机会、被教练为难后做出观察报告，到直接学习典范。选项有很多，但是通往成功的路永远都不容易。

> 唯一能有效发展社交回路的方式，就是开始努力改变你的行为。

如何更聪明地社交

　　想知道社交智能训练包含哪些内容，就来看贾尼丝这位高级主管的例子。她因为在商业专长、策略思考与规划的优异业绩，直言不讳的名声，以及能够有效预测达成重要目标的商业议题，被一家《财富》五百强大企业延揽为营销经理。然而，她在上任的前半年内都是跌跌撞撞；其他主管认为她很有野心、固执己见、缺少社交智商，而且对于说什么和对谁说不太在意，特别是在更高层的上司面前。

　　为了解救这位有前景的领导者，贾尼丝的老板打电话给合益集团的组织心理学家及资深顾问凯瑟琳·卡瓦洛（Kathleen Cavallo）。她马上就对贾尼丝进行了三百六十度的全面评估。结果显示，贾尼丝的直接下属、同事，以及其他经理人，在同情心、服务导向、适应性和管理冲突这几项给了她较低的评分。卡瓦洛与跟贾尼丝在工作上最密切接触的人机密面谈后，得到了更多的信息。周遭人抱怨的焦点是她无法与人建立和谐的关系，甚至忽略他们的反应。重点是，贾尼丝不善于解读组织里一般的社交模式，也无法在违反这些模式时辨认他人的情绪信号。更危险的是，贾尼丝不了解她在向上管理时的态度过于直接。当她与某位经理人有比较强烈的不同意见时，她不知道何时该退一步。她的"我们把所有事情摊在桌上理论一番"的方式，已经对她的工作造成威胁；最高管理阶层已经开始觉得很不耐烦了。

卡瓦洛将这份表现回馈当作警讯拿到贾尼丝面前，贾尼丝发现工作不保，当然感到很震惊。但是，令她更沮丧的是，她了解到自己对其他人并未产生预期的影响。卡瓦洛开始教练课程，让贾尼丝每天可以叙述明显的成功和缺失。贾尼丝花在检视这些事情上的时间愈多，她就愈明白，明确地表达想法跟咄咄逼人两者之间的差别。她开始预测员工在会议中或在负面表现面谈时可能会如何响应她。她练习用更有技巧的方式陈述意见，发展出一项个人的改变愿景。这种心智的预备启动了大脑中的社交回路，增强了有效行动所需的神经链接；那也是奥运会运动员投入数百小时在心中检视自己的动作。

卡瓦洛曾请贾尼丝指出组织中哪位领导者拥有极佳的社交智

能。贾尼丝指出某位资深经理人很善于技巧地批评，以及在会议中表达不赞同，却不会危及关系。她请那位经理人当她的教练，并转换职务，好跟他一起工作。她在那个岗位上做了两年。贾尼丝很幸运能找到这样一位顾问，相信领导者的工作有一部分是培养人力资源。很多老板宁愿管理一个有问题的员工周围的事物，也不愿意帮助员工本身变得更好。贾尼丝的新老板愿意投资她，是因为认定她其他的优点是无价的，而且他的直觉告诉他，贾尼丝会进步，只要有人指导她。

在开会前，贾尼丝的教练指导她如何针对有争议的议题表达看法，以及如何在高层面前说话，他也示范了给予表现回馈的技巧。贾尼丝每天观察他，学会了即使挑战对方的立场或批评他们的表现，也能给予肯定。花时间与实际生活中有效率的行为模范一起相处，为我们的镜像神经元提供了完美的刺激，让我们直接经验与内化，最后与我们观察的对象并驾齐驱。

> 很多老板宁愿管理一个有问题的员工周围的事物，也不愿意帮助员工本身变得更好。……花时间与实际生活中有效率的行为模范一起相处，为我们的镜像神经元提供了完美的刺激，让我们直接经验与内化，最后与我们观察的对象并驾齐驱。

女性有更强的社交回路吗

许多人常问，优秀领导所需要的社交智能，是否有性别上的差异因素。答案是正反皆对。确实，平均而言，女性比男性更能立即感知他人的情绪，但是至少在职场领域，男性更有社交的自信。在一般大众之中，社交智商上的性别差异很大，但在最成功的领导人士之间却没有丝毫的分别。

托雷多大学的玛格丽特·霍普金斯（Margaret Hopkins）研究一家大型银行的数百位主管之后发现，整体而言，他们在社交智商上确实有性别的差异，但是在绩效最好的男性和女性主管之间却没有差别。合益集团的露丝·马洛伊（Ruth Malloy）在针对跨国企业执行长的研究中，发现了一个类似的模式，很显然，性别并不影响神经元的命运。

　　贾尼丝的转变是真实的，也是全面的。从某种意义上，她在接受教练指导前跟指导后判若两人，后来的她已脱胎换骨。如果你思考这个案例，就会发现这是神经科学很重要的一课：我们不一定会是基因和早期童年经验的囚徒，因为我们的行为会建立并发展神经网络。只要愿意付出努力，领导者可以改变，就像贾尼丝一样。她在训练的过程中不断进步，她学习的社交行为变成了她的第二天性。用科学的术语来说，贾尼丝通过练习增强了她的社交回路。当其他人响应她时，他们的大脑与她的大脑能够更深刻而有效地连接，因此加强了贾尼丝良性循环的回路。结论是，贾尼丝从濒临被请走的危险边缘，变成获得直跳两级的晋升。

　　几年后，贾尼丝的同僚中有一些人因为工作不开心而离开公司，因此她再度请卡瓦洛回来。卡瓦洛发现，虽然贾尼丝已经有能力与管理阶层和同事沟通，但是有时候她仍然会忽略下属试图传达挫折的直接的信号。有了卡瓦洛更多的帮助，贾尼丝能够重新聚焦，注意到同僚情绪上的需求，并且稍微调整她的沟通形式。卡瓦洛在第二段教练前后对贾尼丝同僚的意见调查显示，他们对于待在组织里的情感承诺和意图有戏剧化的增长。贾尼丝和同僚也达到百分之六的年度业绩增长；又经过一年成功表现之后，她被拔擢为一个数十亿美元公司的总裁。很显然，让员工接受像贾尼丝完成的这类训练计划，公司的确能获益良多。

社交智商的标准

我们过去十年来的研究已经证实，缺乏社交智商的领导者的表现，和具有社交智商的领导者之间差距甚大。举例来说，在一家大型的国家级银行，我们发现主管的社交智商职能等级，比起自觉和自我管理的情绪智商职能，更能准确地预测年度绩效表现。

你是具有社交智商的领导者吗

为了测量主管的社交智商并帮助他们建立改善计划，我们让专家负责操作我们的行为评估工具，亦即对情绪及社交职能进行盘点。这是一个三百六十度全方位的评估工具，老板、同侪、直接下属、客户，有时甚至家人，也可以使用它来评估领导者的七项社交智商特质。

这七种特质是我们整合现有的情绪智商架构，以及整理其他同人从合益集团搜集到的资料而得。他们使用一套标准，观测二十年来数百家企业表现最为顶尖的主管的行为。以下列出各项特质，之后提出我们用来评估特质的一些问题。

✳ 同情心

你了解别人——甚至是背景很不相同的人是被什么激励的吗?

你能敏锐地察觉到别人的需要吗?

✳ 协调

你是否能专注聆听并思考别人的感受?

你能设身处地地感受别人的心情吗?

✳ 组织觉察

你欣赏这个团体或组织的文化及价值观吗?

你了解社交网络,并知道它们的潜规则吗?

✳ 影响

你是否借由使人参与讨论及投其所好来说服他人?

你能获得关键人物的协助吗?

✳ 帮助他人发展

你是否以同情心指导及启发他人,并花费个人的时间及精力提供咨询?

你是否提供令人感觉对专业发展有帮助的回馈?

❋ 启发

你是否能阐述一个令人信服的愿景，建立团队的自尊，并促进正面的情绪气氛？

你是否通过激发他人最好的表现来领导？

❋ 团体合作

你是否寻求团队每一位成员的意见？

你是否支持团队的所有成员，并鼓励合作？

在危机状况中，社交智商的重要性成为特别突出的一环。以下是加拿大一所省立健康照护中心员工的经验，这家照护中心已经历大幅裁员及组织重整。内部调查显示，一线工作人员非常受挫，以致无法给病人提供高质量的照护。值得注意的是，在社交智商方面得分很低的主管，其员工被检举无法满足病人照护需求的比例，高于主管是支持型的同事三倍，情绪疲惫的比例则高出四倍。同时，如果老板具有社交智商，据闻他们的护士也拥有正向的情绪反应及更优质的照护能力，即使是处在裁员的压力下。这些研究结果，应该让有危机的公司董事会作为必读的参考资料。这些公司在挑选人才带领机构走过困境时，通常看重专业甚于社交智商。但是，能处理危机的经理人两者都需要。

当深入探究神经科学的诸多发现时，我们对最好的发展心理学理论与新近描绘出的大脑运作回路十分吻合这件事感到相当震惊。举例来说，在 20 世纪 50 年代，英国小儿科医生兼心理分析师 D. W. 温尼柯特（D. W. Winnicott）倡导把游戏作为加速孩童学习的一种方式。无独有偶，英国内科医师兼心理分析师约翰·鲍尔比（John Bowlby）也强调，提供安全的环境对于帮助人们朝目标努力很重要；他们可以无所顾忌地冒险，并且自由地探索新的可能性。顽固的主管也许认为如此太过放任，而且在一个将达到基本要求的绩效视为成功标准的世界里，抱持这类理论无法维持营收。但是当更多衡量人类发展的新式科学方法对这些理论提出佐证，并显示它们直接与绩效表现相关时，那所谓的企业的软实力，就不再只是软实力而已。

压力的化学作用

当人处于压力下，肾上腺素及皮质醇会激增，强烈影响人的思考、推理与认知能力。皮质醇在低量时，能促进思考和其他心智功能，因此，在时间限制下必须有所表现的压力，以及对下属某方面的刻意批评，当然会造成冲击。当领导者的要求对下属来说过大而且难以负荷时，升高的皮质醇加上肾上腺素飙高，可能造成心理重要功能的瘫痪，注意力转而完全集中于老板的威胁，而非手上的工作；记忆、策划和创意都飞向天外。在此状况下，人会退回习惯的窠臼，无论那对于解决新的挑战有多不适用。

领导者拙劣的批评方式与释放怒气，通常会引发激素上升。当实验室的科学家想要研究最高的压力激素时，他们模拟了一个面试的场景，让应征者当面受到强烈的批评，就像老板把下属的

> EQ　　当领导者的要求对下属来说过大而且难以负荷时，升高的皮质醇加上肾上腺素飙高，可能造成心理重要功能的瘫痪，注意力转而完全集中于老板的威胁，而非手上的工作……

表现批评得一文不值一样。研究员也发现，当一个人遭受对他而言很重要的人的轻蔑或憎恶的时候，他的压力回路会因为压力激素而爆发，心跳则每分钟增加三十到四十次。因此，人际关系动力的镜像神经元和共振器作用，使得压力扩散到其他人身上。在你发现之前，破坏性的情绪已经感染了整个团队，也抑制了团队成员的表现。

　　领导者自己也无法免于压力的感染。这也是为什么他们应该花时间了解自己的情绪生理。

优秀领导者的
关键习惯

原刊登于 LinkedIn.com
2013 年 5 月 2 日

现今的领导者被铺天盖地的要求围困：一天当中每十五分钟就有一个行程，还有电话、电子邮件和短信等接踵而来，再加上部属来敲门的次数……谁会有时间注意跟他一起工作的人？

然而，只有充分地关注他人，才会发生人际关系的化学变化。在这种时候，我们说的话才能有最大的影响力，才能产生最有效益的构想与合作，谈判和脑力激荡也才有最佳的效果。

这一切都从聆听，以及对身边的人全神贯注开始。当然，不只领导者，每个人都会被分心的事务包围，待办事项进度落后，一心多用。

在一项针对医生和病人的典型研究中问在医生门诊等候室的病人，有多少问题要问医生，平均数约为四个。而当他们面对医生时，真正提出的问题数目，大约只有一点五个。原因是？一旦病人开始讲话，平均每十六秒左右就会被医生打断，由医生主导谈话。

这是发生在各个办公室中的现象的很好的写照。我们都太忙了（自己认为），以致没有时间完整地倾听别人。

这成了职场上的传染病：在完全理解对方正在说的内容之前，还有急着说出我们的想法之后，注意力就分散了。真正的聆听，意味着听完对方说的话，然后以双方对话的方式响应。

所以你要改掉不懂得聆听的坏习惯，还要练习用一个正面的方法取代它。

人实在很难改变习惯。神经科学研究发现其中的道理：习惯是从脑部基底核运作的，它就在心智的无意识区块。它们自动运作，通常无法察觉，即使它们驱策着人类的行为。

这个设计大致上运作良好，脑部基底核储存了所有的无意识习惯，包括从如何使用智能型手机（一旦你已掌握细节）到如何刷牙。人类在做这些例行事情时不想去思考，我们的大脑也不想浪费心智能量去做这些事。

但如果是没有益处的习惯，这种设计就会阻碍它们的改善。我们既然没有注意到它，就无法控制它。

我们必须变得特别容易觉察这些习惯，就是把控制权转交给大脑在前额叶区的行政中心。这提供给我们一项前所未有的选择。

关键是，留意一天当中，你何时能够在自然发生的机会里，练习聆听的技巧。大多数这样的时刻会被忽略，我们就又进入了旧有的坏习惯中。

一旦你注意到时候来了，就又会有练习觉知的任务出现：提醒你使用更好的习惯。在这个情况下，你会刻意放下手边正在进行的事，忽略电话和邮件，停下脑中的思维，把所有的注意力都放在眼前正在跟你互动的人身上。

情绪智商阴暗面的
解药

原刊登于 LinkedIn.com

2014 年 1 月 5 日

我们不要将情绪智商理想化。它就像人类其他的技能一样，例如智商、马术、力量，可以用在自私的目的上，也可以为大众的利益服务，正如亚当·格兰特（Adam Grant）在《大西洋月刊》上发表的文章《情绪智商的阴暗面》（*The Dark Side of Emotional Intelligence*）中所述。

你会看到情绪智商在职场上的黑暗面，是它被用来操纵别人，而非为了促进组织的提升。在我的职能模式里，情绪智商指的是我们解读以及理解自己和他人情绪，并有效处理这些感觉的能力。一般来说，拥有高情绪智商的人，我们可以预测他在学校、事业、人际关系和经营整个人生上都会获得较大的成功。对领导者而言，情绪智商可以导致成功或失败两个截然不同的结果。

但是情绪智商并不是我们擅长与否的单一能力。我们可以在情绪智商的一部分具有优势，例如优秀的自我管理，这是自我约束、达成目标，以及能"吃苦"的关键，但在另一部分却不足，像同情心或社交技巧。事实上，这样的模式在职场上很普遍，最明显的就是特别优秀的独立工作者（例如程序设计师），他们通常无法融入团队合作或担任领导者。

在情绪智商的每个成分之中，还可以做细微的区隔。当谈到同情心时，亦即理解另一个人所经验到的世界的能力，也有不同的类型，每一类都有其益处。

认知同情心，指的是能够感知另一个人如何思考。经由使用对方理解的语言来表达事情，可以帮助我们成为更好的沟通者。研究者指出，拥有这类型同情心的领导者，其直接下属的表现通常比预期的还要优秀。而拥有高认知同情心的主管在执行海外的任务时表现较佳，因为他们可以很快掌握新文化中隐晦的社交常规与心理的运作模式。

情绪同情心，意指能够在内心感受他人的情绪，是一种感觉的共鸣。情绪智商良好的人可以与他人建立温暖的关系，有好的化学变化。这样的和谐关系会使组织、团队合作，以及几乎任何共同的任务都执行得更顺利。

然后，是感同身受的关心，对他人的需求有敏锐的觉察能力，并在有必要时能立即协助。具备这类关心的员工是任何组织的良好成员，每个人都知道在泰山压顶时可以信赖这些人的帮助。在领导者当中，具有感同身受的关心能力，能够创造"安全的基地"，员工知道老板会视需要支持他、保护他，以及给他安全感去冒险、尝试新的运作方式。这是创新的关键。

　　这种同情心就是情绪智商阴暗面——操纵情绪智商的天分来服务私人利益，让他人买单——的解药。自恋的人、耍权术者和反社会者都会这么做，如同我在《专注》一书中所详述的。挪威的一份研究发现，童年时期缺乏他人给予同理关怀的人，成年之后比起其他人最后犯重罪入狱的可能性更大。

　　感同身受的关心，意思是关怀周遭人的福祉，与自私自利型的人的出发点恰恰相反。后者利用任何影响或其他同理能力，只为满足自己的利益，就像我们当中一些跟伯尼·麦道夫[1]（Bernie Madoff）一样的人。同情心的关怀，是在招募人员、升迁，以及培养领导人才时需要寻找的特质。

---

[1] 编注：纳斯达克前主席，其精心炮制了震惊美国的"庞氏骗局"。

6.

领导者的三重焦点

每一位领导者都需要具有涵盖三个面向的专注力——

对内（观照自我）、对他人（关怀别人）、对外部（放眼世界）……

这三种专注的方式都有其优点，领导者也需要平衡地使用它们：

在对的时间，为对的目的，使用对的方法。

任何一种专注力不足，都会造成损失。

领导统御的主要任务之一便是引导注意力。领导者告诉我们将精力灌注何处，但他们自己也需要管理自我的专注力。能有效引导的领导者就能展翅翱翔，无法做到的则注定跌跌撞撞。这理由很简单，正如尤达（Yoda）[1]提醒我们的一句箴言："你的专注，决定你的实际现状。"

要有效引导注意力，必须敏锐掌握人们应该将觉察力聚焦于何地、何时及何物。对此，领导者用几种方式可以达成。举例来说，只要说明一项新策略，提示组织焦点的移转，从财务到营销部门各个核心单位的人就会各自设法转换。

---

[1] 编注：电影《星球大战》（*Star Wars*）中的大师。

为什么我的焦点在于专注？我发表的情绪智商研究建构于两种当时仍然很新的学问：一个是情感及社会神经科学，它揭开了大脑如何管理情绪的神秘面纱；另一个是社会神经科学，它揭露了脑与脑之间那股虚拟联结的力量，那是人与人互动时情绪的管道。两项理论结合在一起，为理解管理上的情绪智商提供了有力的洞见。

最近我开始追踪对大脑及注意力的新发现激增的趋势，因为科学家已经将人在各种专注状态时大脑的活动做了造影；这项新科学让我更深刻体会到领导方法中注意力所扮演的微妙又强大的角色。

从一个可能的角度来解析，神经解剖学显示，注意力和情绪这两种活动以令人惊奇的方式交织在大脑回路中。所谓情绪，也就是大脑引导注意力的方式；管理注意力则是心理控制情绪的方式。

稍微转换我们审视的镜头，或许更可点出专注力对于领导的重要性。情绪智商职能之所以能造成最好的领导者与一般领导者的不同，是因为它与注意力，甚至是最根本的神经回路层次密不可分。

> **EQ**　　所谓情绪，也就是大脑引导注意力的方式；管理注意力则是心理控制情绪的方式。

自我觉察和自我管理，同情心和关系管理，是情绪智商四个最主要的成分。自我觉察和依其建立的自我管理能力，端赖将注意力向内转移的这个步骤。同情心则是处理人际关系的基础，需要热切地关注他人。

领导者除了要具备这种对内及对他人导向的专注之外，还要有第三个面向：对外部的觉察，能够解读组织内部有意义的气流，并搜寻对其产生影响的事件和力量。每一位领导者都需要具有涵盖三个面向的专注力——对内（观照自我）、对他人（关怀别人）、对外部（放眼世界）——而且要丰富、适当平衡，以及在对的时候使用正确关注力的弹性。任何一种关注力使用得过少，都会让领导者陷入没有方向、没有头绪，甚至是盲点之中，或者更糟的是这三种情况同时发生。

对内的专注

今天的领导者感到困扰的，是令人分心的事务太多：紧急信息，每十五分钟一个会议，从人到策略都要做决定等。十到二十年前，主管出差时很少会带着让他们随时随地泅泳在信息和信息流之中的科技。现在大部分人并非如此。

不断涌入的干扰，使注意力从手边需立即处理的事务转移；似乎很紧急的铃声，可能并不代表对此刻是很重要的事。在干扰下对重要事务保持敏锐专注的奋斗，在大脑的注意力回路中激烈地进行着。

"认知心力"（cognitive effort）是科学术语，代表日常信息负荷所需的心智工作。人的注意力就像肌肉一样，也可能使用过度。当分心的状况与烦躁感增加，注意力疲乏就会以效率降低的形式出现。这些信号显示供给神经能量的葡萄糖已经耗尽。

专注意味着选择单一焦点，拒绝被一切其他的事务吸引，也就是从成山的不相干事务中筛选，找到最重要的事。这一点能够做得好的主管，就能监控自己的注意力；他们有活力且专注，而非衰弱且分心。

但是专注于目标并非领导者唯一必备的关注力。举例而言，创意和革新需要的，是更开放而放松的关注力。在这里，自我觉察再次展现它的价值：自我监控让我们能检查自己的注意力模式是否符合当下的需求。

在"目的"（top down）注意模式中，我们主动选择想要关注的事物。"方法"（bottom up）注意模式指的是活在自动模式中，让出现的事物决定我们的注意力，如此可能让我们产生无意识的偏好与盲点，变成迟钝的傀儡。当然，这个模式在人生中也有用处，只是不一定是在工作上。

"认知控制"（cognitive control）是科学术语，意思是把注

> EQ　　专注意味着选择单一焦点，拒绝被一切其他的事务吸引，也就是从成山的不相干事务中筛选，找到最重要的事。

意力放在我们想要的地方，并使它维持下去，即使面对让你分心的诱惑。这是自我觉察的一项重要的心理能力。这种专注的聚焦，代表大脑管理功能的一个方面，它的位置在前额叶皮质层，那地方就在额头后面的区块，是大脑的管理者。

为了理解领导力的含意而对人生成就进行调查的顶级标准科研——在新西兰达尼丁所进行的长时纵贯研究，严格地测试了一千多个男女孩童的认知控制，然后在他们三十岁时再次追踪。很惊人的结果是：相较于智商或成长家庭的富裕程度，他们童年时对一件事情的专注力，以及不去理会分心事物的能力，是预测他们成人之后财务成功的更有力的指标。

对管理阶层而言，"认知控制"掌握了领导职能的关键所在，例如自我管理，亦即专注于目标、克服分心与挫折，以及用纪律追求成功的能力。允许这样追求单一目标的同一套神经回路，同时也管理纷乱的情绪。在危机中沉着冷静、驯服躁动，并且从灾害和失败中复原的管理者，也具备了良好的认知控制。

很清楚自己的优点和限制，也能坦然面对的主管，同样具备自我觉察力。虽然这表示他们在工作上发挥长处，可以很有自信地好好表现，但是也意味着他们知道自己的限度，以及需要仰赖他人才能取长补短。

自我觉察的另外几种面向，能调和我们与监控全身的内在神

> EQ　很清楚自己的优点和限制，也能坦然面对的主
> 管……意味着他们知道自己的限度，以及需要仰赖
> 他人才能取长补短。

经回路，包括判断是非的内化的伦理系统。这些原始的大脑回路
通过身体，特别是内脏，向人传送信息。南加利福尼亚大学神经
学家安东尼奥·达马西奥（Antonio Damasio）称这些内在感觉
为"身体的标志"；这是内在的舵，在做任何决定时，告诉我们
从一生的经验中学到的所有相关功课。

对该做什么以及不该做什么的内在觉知，指引着我们坚守价
值观。有位年轻的电影制作者在看到他服务的影像工作室剪辑他
的第一部大型电影后，因为感觉失去了对创意的控制权而非常沮
丧。因此他拿了拍那部电影赚到的钱，跑去拍了第二部电影，尽
管所有同行的朋友都劝他要让工作室承担拍片费用的风险。他觉
得自己作品的艺术完整性比较重要。

在他的电影将近完成的时候，他的钱都花光了。跑过一家又
一家银行，全部的银行都拒绝他的贷款申请。到了第十家银行，
他终于借到了最后关头需要的资金。那笔最后一刻进来的钱，让
乔治·卢卡斯（George Lucas）拍完了《星球大战》。

当然，跟从你的心，不一定能保证你会有卢卡斯影业（Lucas Film）这样的事业王国，但是它可以提高你找到研究者所谓的"好工作"——结合了我们的价值观、才能，以及我们最喜欢做的事——的概率。领导者如果能在工作上找到这种稀有的道德、优异和热情的混合，就能用充满感染力的能量和热忱领导团队。

> 跟从你的心，不一定能保证你会有卢卡斯影业（Lucas Film）这样的事业王国，但是它可以提高你找到研究者所谓的"好工作"——结合了我们的价值观、才能，以及我们最喜欢做的事——的概率。

对他人的专注

其他的觉察力则显示在领导者能否很快在新的事业伙伴身上发掘共通点及和谐，或是让人开怀地笑和微笑；这不是指听了笑话之后的笑，而是来自他们在人际关系里自在轻松的态度。举例而言，因为具备敏锐的他人觉察力，在一场简报中，他们可以感知什么时候应该把听众的注意力从冰冷的数据转换到生动的小故事，或是倒过来。这些主管就是大家渴望找到的同事，他们的意见也最有力量。

你可以在那些可以很快解读团体脉动、辨认出大家不言而喻的共识的主管身上，找到这种高度的他人觉察力。他们会主动说："我想我们已经同意……"而每个人都会自然地点头赞同。

具有这类长处的人也会在团体中自然成为领导者，即使他们并没有被指派做这项工作。你不必请团体说出领导者的名字，只要问这个问题就可以找出这类突出的领导者："谁是这个团体最有影响力的人？"

同情心有三种，每一种对于有效领导都不可或缺。认知同情心让领导者了解另一个人的观点及其赖以看待世界的心智模式。这会让领导者用对方最能懂的语言传达信息，因此更具说服力。善于此道的领导者，其直接下属通常会有高于预期的表现。

相反，情绪型同情心让领导者立即察觉某人当下的感受。这种能力能让领导者引发含有高度化学变化的互动，共鸣的感受能够创造连接感、信任，以及理解。在这样近乎神奇的时刻，一切都能更顺畅地进行，不论是商业上共同的决定还是谈判。擅长这一类同情心的主管，能够成为优秀的顾问、客户经理人及团队领导者；他们在当下就能感知他人的反应。

第三种，同理的关怀，意指领导者可以感知周围人的需要，以至于能自动应答对他人而言感觉最重要的事。最好的组织成员在主动帮助别人时，就会展现这种同情心。领导者则是表现在创造安全、信任和支持的工作气氛，让直接下属感到安心，勇于冒险，并且探索新的机会。当领导者替你撑腰时，你的表现就会更有自信。

通常，具有任何一类同情心的人，都是好的听众，能够打造坚强的人际链接；在组织获得晋升的机会时，也可以形成正面的影响力。他们能自然建立连接及个人网络，让他们领导、发挥影响、激励，以及有力沟通。

对外部的专注

任何组织中推动变化的力量，都可以被视为一套系统。举例而言，在一家全球的科技公司里，运营长和执行长的对峙较劲感染了全公司的各个层级，使敌对与嫉妒心态肆虐。团体合作被看成危险的冒险，这个组织因此人才失血。

被聘请来处理这个管理危机的顾问发现，他在早期执业时就看过类似的职场动能，当时他做的是家族系统治疗：已婚夫妻间的冲突复制在孩子身上，出现令人困扰的关系。虽然心理治疗可能医治这些伤痕，但有时候离婚是唯一的办法。在企业里也一样。当这位执行长离开，去接掌他的第二事业后，公司原本混乱的动能就被完全翻转了。

"把系统搬进会议室"指的是集合一个问题的所有当事人的

做法——有时候参与的人范围很大，每一位都对互相作用的各个系统拥有一定程度的控制权。沃尔玛超市（WalMart）用这套系统做法，解决了杂志的问题，因为店面架上百分之六十五的杂志都卖不出去，只好送去纸浆厂，结果造成金钱的浪费，以及不必要的碳排放。

其中一个大问题是：杂志向广告商收取的费用，是依据其购买的广告刊登页数计算，而不是以实际上卖出的杂志数量来计算；他们的目标就是让杂志能上架就好。沃尔玛超市召集出版商和发行商来检视整个铺货系统，因此更能把特定的杂志安排在能有最好销量的适合的店面，并且让出版商改变收取广告费的方式。结果是：报废的杂志量减少了百分之五十。

能够解读并创造一个比公司定位范围更大的系统，使领导者得以规划出更好的策略。这种观瞻扮演了重要的角色，好比全食超市（Whole Foods Market）联合执行长约翰·麦基（John Mackey）拟定的商业策略，目的是为广泛的各类利害关系人创造利益，包括消费者、员工、股东，到小区和环境。

具备敏锐的外部专注力的主管，拥有许多特征。触角甚广的好奇心，驱使他们每天无所不包地搜集大量信息，不只会查看一般新闻网站以及与他们行业相关网站的信息，也会探寻其他颇为奇特的数据源。对于其他毫不相干，但可能以各种惊人的方式与核心利益相关的信息，他们抱持的态度是完全开放的。

他们也不断学习，对可向他人取法的崭新视野保持真诚的兴趣。对知识的渴望，使他们把跟每一个人的接触，都变成学习对方世界的机会，不管是飞机上邻座的乘客、一个工厂领班，还是偶然的访客。这种真诚的兴趣让他们不只是好的听众，也是好的发问者。

对外部的觉察力，也显现在能够从报表、一堆数据或每周头条新闻上侦测出有意义的信息的天赋上。这种才能，让一个主管成为信息大海的敏锐管理者，能够挑选出重要内容并解释其意义。这种解读系统的才能，也可以从能否感知"地区性的决定如何造成长远后果"的能力看出来，或是了解今天做的决定，在遥远的未来可能造成何种影响。

> **EQ**   对外部的觉察力……让一个主管成为信息大海的敏锐管理者，能够挑选出重要内容并解释其意义。这种解读系统的才能，也可以从能否感知……今天做的决定，在遥远的未来可能造成何种影响（看出来）。

心灵健身房

花一点时间检视你的注意力以及你使用它的方式。对我们大多数人而言，答案可能不如自己所想的来得好。

注意力是一块心灵的肌肉；如同其他肌肉，这块肌肉可以通过做对的运动而变得强健。加强注意力的基本"剧目"是，当你的心思游走时，你注意到它游离了，就将它带回你想要专注的地方，持续在那里。

练习注意力的基本动作，几乎与任何一种静坐（或谓冥想）——从专注到超然体验——的基础一样。

剥除数个世纪以来包裹在静坐外围的层层信仰和宇宙学论，认知学家将静坐视为单纯为了维持专注习惯而做出的动作。就像在健身房健身的附加利益是为余生带来健美形象，在静坐期间锻炼持续的注意力也会增进其他的心智功能。

几十年来的研究显示，静坐的人在从事其他活动时，注意力也比较集中。近期大脑造影的发现告诉了我们个中原委：静坐强化了前额叶皮质层主导注意力的回路。

有两种主要的注意力焦点：一种是单一焦点，当注意力涣散时将其带回单一焦点；以及正念（或谓觉知），对于进入脑中的任何念头培养关注的觉察力。

练习单一焦点能锻炼专注力、平静，以及更快从压力的侵扰中恢复的能力。正念则是在这些之外增加强烈的自我觉察。因为领导者需要所有这些必备的能力，所以从通用磨坊（General Mills）[1] 到谷歌（Google）等企业都提供训练主管正念的课程。

谷歌的课程是"搜寻你的内心"，现在也为其他公司所沿用。斯坦福大学有一项研究探讨它的效用，发现参与者上完课后更能够自我觉察，亦即观察他们自己的经验，并予以有觉察力的反应，也更能够运用训练注意力的肌肉来管理自己的情绪；这是注意力跑掉的当下很需要的关键技能。它另外也改善了同理的关怀及聆听的技巧。

---

[1] 美国通用磨坊食品公司设立于 1866 年，是一家世界《财富》五百强的企业，主要从事食品制作业务，为世界第六大食品公司。

弹性与平衡

对内、对他人与对外部三个面向的专注，是协同作用的。比方说，敏锐的对外专注力能够帮助领导者掌握正确的策略眼光，但是他只有通过沟通和动员属下，才能将愿景实现。例如，这个工作可能需要他清楚说明他深信的共同愿景，并且在行动上能让他人产生共鸣：从心到心的共振。

这三种专注的方式都有其优点，领导者也需要平衡地使用它们：在对的时间，为对的目的，使用对的方法。任何一种专注力不足，都会造成损失。

拿各种对外部专注的策略配置为例，许多企业的成功是经由执行特定范围内工作的优良成绩；策略思考者称这种运营焦点为"开发"（exploitation）。举例来说，杰克·韦尔奇担任通用电器执行长时，坚持认为公司应该放弃无法在示范开发区块位列第一或第二的事业项目。

其他公司则通过持续的创新和创意突破达到成功；这种高风险、高报酬的运营聚焦方式被称为"探索"（exploration）。探索是实业家的策略，亦即寻找下一个新玩意。想想苹果公司的乔布斯。当然，苹果也开发了它的利基科技，通用电器亦持续创新；任何有活力的公司都需要两者兼具。

开发需要专注，并且持续将注意力导回手上的工作。探索则要求开放的焦点，能广泛搜寻及辨认新的机会。最近的大脑研究显示，这两种注意力形式各自在大脑的不同回路下运作。太习惯于其中一种形式、不能两者并用的主管，可能在有需要时会觉得难以转换，而他们领导的公司也可能无法平衡开发与探索之间的关系。

> 🅴🅀　　开发需要专注，并且持续将注意力导回手上的工作。探索则要求开放的焦点，能广泛搜寻及辨认新的机会……不能两者并用的主管，可能在有需要时会觉得难以转换……公司也可能无法平衡开发与探索之间的关系。

英特尔（Intel）创始人之一的安德鲁·格罗夫（Andrew Grove）执行长，把公司开发一项成功产品或策略持续太久的倾向称为"成功陷阱"。任何策略，不管当时有多吸金，在某个时间点都需要做大幅度的改变，如果这个企业想要长远发展的话。

举例来说，RIM[1] 坚持在黑莓机这块做开发，却极度缺乏向外探索，以致在市场利基变化时面临惨况。两位创业的联合执行长都是工程师，他们运用优秀的工程科技征服了市场，之后就一直停留在那一项技术上。当 RIM 失去大量的市占率之后，一位新的执行长走马上任，他分析，持续抓住既有的开发策略，已经让公司在智能型手机的创新科技方面落后于竞争对手，例如更快的 4G 无线网络和触摸屏。

牛津大学心理学家西蒙·拜伦－柯恩（Simon Baron-Cohen）描述两种"大脑风格"，那是从钟形曲线两端的人们身上发现的。在曲线的一端，是高度的系统觉察力，但缺乏同情心；相反的一端，是具有高度同情心的人，却对系统视而不见。任何一种方式都无法成就高效能的领导，虽然各自都在管理层级中以不同的伪装形式出现。理想中，领导者既可以与人连接，也可以解读混在系统

---

[1] 编注：RIM（Research In Motion），黑莓公司是加拿大的一家通信公司，成立于 1984 年。2013 年它以 47 亿美元的价格，将公司出售给最大的股东之一 ——加拿大保险公司 Fairfax。

杂音中的有意义的信号。

还有其他失焦导致的领导风格的弊端。举例来说，成就导向的领导者因为专注于达到业绩数字，牺牲了与员工之间的连接。追求业绩数字来获得褒奖，可能导致领导者漠视他的管理风格所牺牲掉的人际关系。这类领导者对他人的关注力失焦了，因为他认为花时间与人相处是一种干扰，而不是一种跟对方可以连接，进而激励、聆听，以及指导的机会。

但是完全相反也会失衡。某家规模遍及全球的制造商的亚洲区总裁很有领导魅力，而且受人欢迎，他知道他应该用更多时间思考策略。不过他发现自己心不在焉；他喜欢跟工人在工厂车间闲聊，那是他初期工作曾待过的地方。他过度放大了"对他人的关注"，幸好一位主管教练介入，帮助他正确调整了注意力的优先级，提高他对外部的注意。

提升未来的专注力

今天有许多明显的现象显示，人们的专注力已经每况愈下，任何认识青少年的人，都可以为千禧年轻人的网络上瘾做证，例如发短信（他们偏爱这种互相联系的方式已经超过打电话）。在新的社交基本规则中，忙于使用电子设备而忽略身边的人，已经不是无礼，而是常态。

很多老师告诉我，现在很多高中生和大学生会在上课时把笔记本电脑放在桌上——显然是为了做笔记，但实际上是打游戏、写信、看脸书或其他类似的电子消遣。这些老师还说，愈来愈多学生要维持对一段复杂文字的专注力比起过去更加困难。这或许可以预示未来的工作时代将会面临无法了解复杂概念，以及无法长时间保持专注的问题——媒体圈约定俗成的智慧已经是"保持简短"。

注意力的神经回路，从整个童年期到青春期逐渐成形。持续全神贯注能增强这道回路。习惯性分心会破坏认知控制力，也会同时威胁内在觉察力对于人一生的有效自我管理的影响，以及对他人感同身受并整合行动的同情心。

这一套情绪智商技能，对于想要在任何领域成功和领导的人十分重要，它跟人生每个面向都息息相关。我们从父母、亲戚、朋友、老师和同事身上都可以学习到情绪智商，如果我们关注他们的话。任何的互动都会加入这套求生技能的教材，如果能增强我们同情心的能力是最好的。年轻的孩子如果花更多时间孤立自己，盯着数字屏幕，他们就更不会有机会学习这类功课。

我的担忧是，当年轻世代到了企业组织里，而且理论上应该会成为主管人选时，他们可能会缺乏所需要的专注力和情绪智商的基础。这意味着组织可能需要开始设立补救计划，提升奠定人际技巧的专注能力。

目前逐渐盛行的一项解决方案，是利用年轻人对电玩的热爱，教导他们注意力的技巧。举例来说，威斯康星大学的认知神经学家与数字设计者合作开发了一种游戏，其制胜的策略就是持续的冷静和专注。

另外一个方法是在每天五或十分钟的团体活动中，只单纯借由让年轻孩子观察呼吸时腹部的起伏，教导他们专注的基本方法。

这很简单，确实没错，但是每天进行这样的心理运动似乎能增强认知控制的回路，让年轻人的大脑预备进入学习状态（对成人也有用）。我看过位于旧城区的学校使用这个方法，很有效地营造了专注的氛围，让学生有最好的学习表现。

今天很多学校都有"社交／情绪学习"课程，教授基础的情绪智商，例如自我觉察和同情心，并入从幼儿园到中学的正规课程中。一项包含超过二十七万个学生的整合研究分析显示，这些计划结果导致反社会行为大幅降低，提高了团队合作和喜欢上学的程度，在学业成就的分数上也提升了百分之十一。

这类年轻人中，有我们未来的领导者，如果小区学校教导他们人生和事业中需要的专注技巧，将来他们变成员工以后，企业就不需要设立那么多提升专注力的补救计划。把它当作领导能力的提前训练吧。

要让专注力持久，
就要停止过度使用

原刊登于 hbr.com 及 LinkedIn.com

hbr.com，2013 年 11 月 28 日

爱迪塔罗德狗拉雪橇竞赛在北极冰层上绵延一千一百英里，费时超过一星期。阿拉斯加人的标准策略是，一次跑十二小时，之后休息十二小时。你若不是跑一整个白天，晚上休息，就是白天休息，跑一整晚。

然而，因为苏珊·布彻（Susan Butcher）这位兽医助理，这一切都改变了。她敏锐地发现狗儿在生理上的极限，训练它们跑四到六小时的路程，然后休息同样长的时间，日夜都以同样速度前进。她和她的狗狗已经赢得四次比赛了。

苏珊·布彻训练狗的方式，与所有运动项目顶级选手的训练方式几乎一样：集中训练约四小时，然后休息。这种训练方式能让身体达到最佳的表现。

安德斯·埃里克森（Anders Ericsson）是佛罗里达大学的心理学家，他研究包括从举重运动员到钢琴家等顶级选手，发现他们将每天最辛苦的例行训练限制在四小时之内。休息也是他们训练过程的一部分，目的是让他们恢复身体和心智的活力。他们迫使自己发挥最大的能力，但是不透支。

这种"训练——休息——训练——休息"的循环，也适用于协助大脑维持对工作的专注力。在职场上，集中精神的专注，让我们得以将技能发挥得淋漓尽致。举例来说，芝加哥大学的研究员发现，当人在某一个领域表现得最出色时，他们是完全投入手上的工作的，不管是施行脑部手术还是三分线投篮。

顶尖表现需要全神贯注，而维持注意力集中会消耗能量；更技术性地说，你的大脑会用尽燃料，也就是葡萄糖。如果没有休息，我们的大脑会变得更枯竭。大脑已经在空转的信号包括分心、焦躁、疲惫，以及发现自己应该工作的时候却在查看脸书。

现今的主管很少会做出这个合理的反应：让自己休息一下。通常我们会试着"撑过去"，但是发现并没有神奇的能量库存正在待命；如果我们试着撑过这一天的话，我们的表现很可能只会愈变愈差。

当我们透支储备能量后，认知效率就会衰退。实验室里有完整的观察报告显示，主管在这样的一天当中，错误、健忘和间歇性的大脑空白逐渐增多。如同一位主管所言："当我注意到自己在开会时心不在焉，我会问自己当下是否错过了什么机会。"

基于大家对主管的高度期待，也许有些人会转而求助于提升表现的药物，这是可以理解的。一位因注意力缺乏失调症（目前已治愈）而每日服药的律师告诉医生："如果我不吃药，我就没办法看合约。"

然而，还有其他正当而健康的方式——静坐——可以帮助我们提高注意力，应对身为主管忙碌的一整天中毫无喘息机会的行程要求。从认知科学的角度，所有静坐的方法都是锻炼注意力的方式。现在愈来愈流行一种增强脑部注意力回路的方法，就是"正念"，这种冥想方法来自某种宗教信仰。

正念背后的神经科学基础是"神经可塑性"（neuroplasticity）的概念。大脑会随着重复经验而改变，部分回路增强，而有些回路则萎缩。

注意力是一块心灵肌肉，可以靠正确的练习强化。提高心灵健身房中的专注力的基本动作是：把你的焦点锁定在选择的目标上，例如呼吸，当它游移时（这是一定的），注意你的心是否也跟着飘走了。这个步骤需要正念，就是观察自己的思想但不陷入其中。之后把你的注意力放回呼吸上，这等于是心灵的举重练习。埃默里大学研究员的报告显示，这种简单的练习确实能提升大脑聚焦回路的连接性。

还有另一个选择，姑且称之为拉丁方案。

我最近到巴塞罗那，在那里，午餐时间大部分的店铺和公司都会关门，员工就可以回家好好吃顿饭，最理想的是，还可以睡个午觉。即使中午小睡一下，都可以重新启动大脑在剩余半天的运作。

心思游移时的三个
快速解决法

原刊登于 LinkedIn.com
2013 年 9 月 25 日

　　我们所有人都会这样：为一件必须做完的事全力赶工，突然发现自己沉湎于某个毫无关联的幻想已经有一段时间，你不知道是从什么时候开始分心的，也不知道已经徘徊在这条路上多久了。

　　人的心思有平均百分之五十的时间都在游走。确切的比例差异迥然。当哈佛大学研究员请两千两百五十位受测者报告，一整天下来在随机的时间点上他们做了什么以及想些什么，结果这个"做"和"想"的范围差距相当大。

　　但是最大的差距还是在工作上：分心是职场上的流行病。如果需要，可以采用以下步骤来帮助我们将更多的时间专注于任务。

一、管理你的诱惑。很多让我们从手上的工作分心的事情，其实是数字网络——推特、电子邮件等。有好些应用软件可以防止这些诱惑不断地干扰。Chrome（谷歌浏览器）上有几种免费插件很有效："谷歌保姆"（Nanny for Google）会封锁你可能想要逛逛的网站，不管你决定封锁的时间多长；"保持专注"（StayFocusd）则限制（由你设定）你可以花在看电子邮件、脸书，以及其他你可能被引诱分心的项目的时间。

二、监控你的心思并再想一遍。注意你的心去了哪里，是查看推特主页，而非做报告？给你机会再想一遍："我的心思再次飘走了。"这样的想法可以让你的大脑从走失的地方脱离，并启动大脑回路，让你的注意力回到手边的工作上。

三、每天练习正念一段时间。这个心智运动可以很简单，像是观察呼吸、注意你是否分心、放掉游移的想法，并将注意力带回呼吸。这些心灵的运动就像一套心智健身法，相当于重复自由举重：每个动作都会让肌肉更强健一点。练习保持正念时，增强的是大脑的注意力回路，它能侦测你的心思何时飘走、放空，且让其再次回到你选定的目标上。那就是我们在做一件重要的工作时，需要持续专注的对象。

7.

不只聪明，而且智慧
为什么领导者需要专注于组织以外的焦点

我们的时代要求领导者不只聪明，还要有智慧……

当我们能更熟练地看出年轻世代具有这种领导风格的潜力，

并且帮助他们培养这些特质，我们的未来就更加充满希望。

我清楚记得保罗·波尔曼（Paul Polman）进入我非常欣赏的领导者万神殿的那一刻。当时我们一起参加了在达沃斯（Davos）举行的世界经济论坛[1]的一场讨论。保罗是联合利华的执行长，他当时正在描述公司永续经营的策略。缩减组织的二氧化碳排放量并不是吸引我注意的企业目标——虽然这些标杆很令人赞赏，但只是公司永续策略的一般方式而已。保罗接着宣布，他的公司将着手从包含第三世界五十万户小农的新网络直接进口原料。是这个吸引了我。

---

[1] 编注：世界经济论坛（World Economic Forum，简称 WEF）每年都在瑞士东部的达沃斯举行。

全世界大约有百分之八十五的农场被归类为小农。世界银行声言，支持小型农业是刺激农村经济发展最有效的方法。在新兴市场中，无论直接还是间接，农业扶持了最低收入阶层四分之三的人口。

用这种方式重新规划联合利华的供应链，将使更多资金留在当地的农村小区，同时提升孩童的健康和教育。这位执行长的思维，已经远远超出为组织创造价值的一般范围了。保罗·波尔曼的策略眼光，说明了我所谓的对外部的关注力。这是今天每一位领导者需要关注的三重焦点——对内的专注（关照自我）、对他人的专注（关怀他人）、对外部的专注（放眼世界）——之一。

情绪智商职能

对内和对外的专注，可以用情绪智商职能的术语来说明。四个情绪智商领域的前两个，自我觉察和自我管理，代表了健康的内在专注。展现在卓越的领导者身上，就是自我觉察的优点，比如真实的自信，以及对自我长处和限制的自觉。自我管理表现在情绪的自我控制（例如在高度压力下仍保持冷静清晰，并能迅速恢复平静）、适应性，以及对追求目标保持专心一致上。

此外，敏捷的自我觉察力能帮助领导者感知微妙的内在信号，那是大脑让心灵清楚我们的人生智慧对我们正在思索的抉择有何观感的方式。这个机制似乎是人在第一时刻察觉主导自己价值观方向的渠道。正直和道德感都依赖这个内在的督促：唯有当我们具备这样的感知时，才能把价值形诸文字。

在情绪智商模型中，健全的对外部的专注展现于领导者本身敏锐的同情心，能够察觉其他人对世界的思考方式，进而用他们能够理解的方式表达事情，并且将心比心地理解他人当下的感受。具备这种对他人感同身受的能力，就能发展出关系职能，例如团队合作、说服与影响、危机处理，以及顾问指导。

这些"人际关系技巧"对于领导效能的影响，大于且远远超越单纯的认知能力，像能迅速进行大量复杂的运算等。亿康先达国际资深顾问克劳迪奥·费尔南德斯－阿劳斯分析了一些看似很优秀的 C 级职务聘用人才，最后却遭致解雇的案例。他的结论是：他们受雇是因为他们的商业专长和智商，遭到解雇则是因为情绪管理的缺失。

第三类强项

但是除了对内和对他人的专注力之外，我相信今天的领导者需要培养第三类焦点的优势：对外部的专注力。这会让领导者了解更大范围系统的运作，能够形塑一个组织的未来，甚或一个小区或社会的未来。这个能力不仅止于察觉经济的风向变化，还包括参与其中的社会、文化及环境力量。

即使是要从一群学生当中辨认出未来的领导者，这三种专注

EQ　（具备对外部的专注力）会让领导者了解更大范围系统的运作，能够形塑一个组织的未来，甚或一个小区或社会的未来。

力也能够提供线索。研究发现，区别杰出领导者的多种能力，在人生早期就已开始出现，远在进入职场之前。一个人机敏的内在觉察力，可能在青少年时期因为被义工活动吸引，愿意为一个比自己关注的范围更大的目的——例如环境——付出时，就可以看出来。

　　另一种显现的方式可能是优越的自我管理能力，展现在专心一致地朝目标努力；研究者称此种心智能力为"认知控制"。很多研究发现，如果孩童具备认知控制能力，比起高智商或原生家庭的富裕，将更能在成年后在财务上达到成功和健全。

善巧方便

　　纯熟的他人觉察力，会以高度的同情心出现，亦即有能力感知其他人的想法和感受。能对他人的内在世界感同身受，就能创造一个平台来关怀他们的问题和痛苦。这种社交觉察力也显现在卓越领导者（或老师，就此而言）的人际熟练度上，他们可以很快与人产生一对一的连接、深入的倾听，并且让其他人的生命变得更好。当同情心及社交技能两者可以结合成源自同情心的服务，就变成了所谓的"善巧方便"（skillful means），也就是有效的行善。

　　而对外部的专注可能从儿童期或青春期就已出现，他们对于自然界感到着迷，试图自己主动（而非为了交学校作业）探索自然界运作的方式。这也可能展现在对 STEM（科学、技术、工程、数学）的高度兴趣上。喜爱学习事物运作规则的年轻人，恰恰表现了天生对系统思考的开放倾向。

对外部的专注使我们得以监控形塑组织、生活、社会和地球的更大系统。这与一个世代的智慧必须被传承到下一代息息相关。对传递重要知识使物种得以延续而言，这一点再真实不过了。

如今，这样的传递在某些关键方面已经崩解了；虽然原生的文化族群为了生存，向来对于生态系统的运作十分熟悉，但是在现代生活中，我们却跌跌撞撞，无视地区的决定可能不只带来对邻近地方的各式伤害，也会影响遥远或是看不见的生态系统。

"人类世"困境

也许今天最严重的系统性危机，是被大多数人忽略的人类世（Anthropocene）[1]困境。在工业革命发生后，我们就进入了人类世代，自那时起，人类的运输、能源、建设、工业及商业系统，就开始逐渐腐蚀支持地球上生命的几个全球性系统。

虽然碳在气候变迁上扮演的角色对这些系统的影响最为明显，但是还有其他一大堆的系统，从含磷肥料被雨水带进河里，造成世界水域的死亡区，到有毒物质，如激素干扰素，以及致癌物质在人体组织内增长，都是前所未有的。

---

[1] 编注：或称人类纪，指地球的最近代历史，由1995年诺贝尔奖得主、荷兰大气化学家保罗·克鲁岑（Paul Crutzen）发明。他认为人类活动对地球的影响，足以成为一个新的地质时代。

　　企业领导者要求这些系统对企业运作及整个供应链的影响要更透明化，并且用决策减少二氧化碳排放量，就是企业展现对系统觉察的理解。他们对外部的专注，让他们的经营方式超越单一的经济逻辑，并且带进更复杂的微积分计算，使财务营收与公共福祉达成平衡。

　　领导者已经投入相当多心力，识别及培养使主管能借由拟定聪明策略，来引导组织、执行策略目标，以及解决现今问题的能力。但是我们需要更多具备广大视野的领导者，这些人不安于现状，希望看到它能变得更好，并着手去改变。

目标是更大的善

我们的时代要求领导者不只聪明，还要有智慧。明智的领导者拟定的策略，着眼于更大的善，而不是单一组织的目标。当我们的小区、社会和世界整体选择更多这样的领导者，我们就能过得更好。当我们能更熟练地看出年轻世代具有这种领导风格的潜力，并且帮助他们培养这些特质，我们的未来就更加充满希望。

斯科尔应对全球威胁基金会（Skoll Global Threats Fund）[1]

---

[1] 编注：由地球上最慷慨的二十个人之一的杰夫·斯科尔（Jeff Skoll）于 2009 年建立。斯科尔是 eBay 的首位雇员和总裁，他使 eBay 成为价值数十亿美元的公司，而他之后也捐出自己一大部分财产。

> 明智的领导者拟定的策略，着眼于更大的善，而不是单一组织的目标。当我们的小区、社会和世界整体选择更多这样的领导者，我们就能过得更好。

董事赖瑞·布里连特（Larry Brilliant）[1] 的一段话，对我启发很大。这个基金会的目的，是寻找预防全球危机的方法，例如流行病、全球变暖等。他说道："文明社会的判定标准，不应该是对待最靠近权力者的方式，而应该是如何对待距离权力最遥远的人的方式，不论种族、宗教、性别、财富和阶级，也包括时间上。"

在我的观念里，真正伟大的领导者行动的热忱，不是来自一个组织或团体的目标，而是超越这个局限，他们努力的方向是医治全人类。我想到保罗·波尔曼，或是在发展慈善事业阶段的比尔·盖茨，或成立格莱珉银行的穆罕默德·尤努斯博士这些典范人物。

有的领导者能体会弱势群体及地球本身的痛苦，寻找方法修补损害，不论是减少折磨穷人的疾病、提升在地区的生存能力，还是战胜贫穷。他们所施行的策略，将在未来发挥长远的影响。有智

---

[1] 编注：2006 年 TED 大奖得奖者之一，谷歌前执行董事。"斯科尔应对全球威胁基金会"由他负责，该基金会运用各种方法来应对气候变化、中东动乱及消灭传染疾病等世界难题。

> 有智慧的领导者隐约遵循着一句格言……在做决策和考虑采取行动时，应该自问：谁能从中受益？是我们自己，还是群体？是只有一个团体，还是每一个人？是只有现在，还是也包括未来？

慧的领导者隐约遵循着一句格言，那是我在马萨诸塞理工学院的全球系统研讨会上听到的。讲者建议我们，在做决策和考虑采取行动时，应该自问：谁能从中受益？是我们自己，还是群体？是只有一个团体，还是每一个人？是只有现在，还是也包括未来？

这些领导者能激发众人的热情，建立让人感觉工作更有意义的组织。工作变成了"善工"，这种有力的组合让人可以完全发挥最佳的能力，完全专注于焦点，而且付出能与价值观完全吻合。这样的工作环境，对于下一个世代的卓越领导者，具有强大的吸引力。

组织注意力缺乏
失调症

原刊登于 hbr.com 及 LinkedIn.com

hbr.com，2014 年 1 月 2 日

很多大型组织的领导者，管理的是全球的团队。这类团队可能包括约聘工作者，或是通过并购而来的组织员工。他们不常有面对面的互动机会，因此要让一个团队与项目的目标同步，本身可能就是很大的挑战。这样的困难加上其他的障碍，经理人经常不得不抱着信心放手，相信专业员工会遵照指示行动。

但是难免还是会有不如人意的情况发生。像不断延误期限、沟通不良或预算失当，以致摩擦，经理人难以理解专业人员粗心的错误并做出反应。这类失败，是组织注意力缺乏的信号。

理想中，大家在同一个团队内工作，应该要对彼此很了解才是。最出色的团队有最高度的和谐，以及维持和谐的特定规范。例如：

他们非常清楚彼此的长处和弱点。

他们会视需要，让某个人担任或离开某个角色。

他们不让摩擦逐渐酝酿到一发不可收拾的地步。

他们在事情真正变成大问题之前，就着手处理。

他们庆祝成功，彼此相处愉快。

当大家远距——身体上或情绪上——工作时，这些就变得遥不可及。如果你的团队里有人无法保持同一步调，就会降低整体的和谐。用虚拟方式连接的团队就更不用说了，大家只用电子邮件往来，从来就不曾见过面。

有一些方法可以克服组织这种注意力缺乏失调症。例如：

面对面开会。如果可能的话，全部员工一起进行为时一到两天的公司外会议。如果你认识另一个人，你就可以克服虚拟世界产生的距离。

领导者必须引导注意力。最好的领导者能察觉何时该转移团队的整体焦点，在对的时候引导到位，例如设法从新发现的趋势中获利。

设定清楚的项目目标。让同僚知道该期待什么，以及为何他们的付出对于整个大架构能有所贡献。

抗拒**"我们 vs 他们"的想法**。主动寻求你与对方或团队之间的共同目标，这会有助于排除你带进项目里的任何预设的敌对眼光。

提供充裕的时间完成任务。很多经理人相信他们可以设定紧迫的期限，以刺激团队的创造力。这是一个迷思。事实上，普遍而言，人比较有创造力的时候，是当他们有多一点时间探讨问题、思考正在做的事，并且搜集新信息，以及与观点不同的人讨论——这十分有帮助。

拔掉插头。来自科技的干扰会影响表现与面对面沟通。限制你计算机上开启的窗口数量。如果你在赶期限，就关掉手机。

领导者的必备特质

原刊登于 LinkedIn.com

2013 年 9 月 29 日

"我想要了解人们如何解读世界，"一位执行长告诉我，"每个人真的都不一样。我对大家思考事情的方式非常着迷，想知道他们重视什么，如何拼凑完整的世界。"

对他人的现实生活自发的好奇，在技术上来说是"认知同情心"，意指通过他人眼睛来看世界的能力。认知同情心是心与心之间的呼应，使我们在心灵上能够感知另一个人的思想如何运作。这是三种同情心的其中一种，每一种都对职场与人生的各种关系非常重要。

这种聆听对方的方式，不仅使我们了解他们的观点，也告诉我们如何与对方沟通最有效：什么对他们来说最重要，他们看待世界的模式是什么，以及在与他们谈话时要使用或避免什么字眼。

这在很多方面都能获得好处。举例而言，拥有优异认知同情心的经理人，其直接下属的表现会高于预期。而拥有这项心理特长的主管，在被指派到不同国家工作时会有好的表现，因为他们可以较快明白另一个文化的常规和基本原则。

但是第二种同情心，即情绪同情心，却有不同的好处。情绪同情心让我们以身体对身体的立刻连接，感知另外一个人的行动。这种同情心靠的是另一注意力肌肉：关注另一个人的感觉时，需要捕捉到他们脸部、声音和一连串其他非语言信号，才能明白他们每一刻的感觉。

研究发现，这类同情心依靠我们聆听自己身体的情绪信号，因为它们会自动复制另一个人的感受。

洛杉矶州立大学的精神病学家丹尼尔·西格尔（Daniel Siegel）把创造这种共振的脑部区域称为"我们"回路。与另一个人同在一个"我们"的泡泡里，可能产生化学变化，这是一种和谐一致的感受，让彼此一起做任何事都非常顺利，无论是从事销售，还是在会议中、教室中，或是两夫妻之间。西格尔博士甚至发表了如何与青少年孩子一起达到此种和谐的文章。

第三种是同情心的关怀，它出现在当一个人对另一个人表达关怀的时候。这种同情心有与父母之爱类似的大脑回路，是心与

　　心的连接。但是在职场上也适用：当领导者让属下知道他会支持他们，他可以被信任，他们可以自由冒险而不需要保持过度防卫姿态时，你会看到它的作用。

　　在教室里你会看到同情心的作用，是当老师创造了类似的氛围，让学生感觉可以让好奇心自在遨游的时候。

　　身为领导者、老师或是父母，应该具备哪一种同情心呢？三种都需要。

后记 | **文章出处** |

1. 领导者的必备特质？

   原刊登于《哈佛商业评论》，1998 年 11/12 月号

   延伸思考

   《现今老板想要的情绪智商能力》

   原刊登于 LinkedIn.com，2013 年 7 月 7 日

   《如何评估自己的领导 EQ》

   原刊登于 LinkedIn.com，2013 年 6 月 27 日

2. 高绩效领导力

   原刊登于《哈佛商业评论》，2000 年 3 月

   延伸思考

   《与你带领的人建立关系》

   原刊登于 LinkedIn.com，2013 年 5 月 12 日

《胜过浑蛋》

原刊登于 LinkedIn.com，2013 年 6 月 11 日

3. 基本领导力　卓越表现的隐形推手

与理查德·伯亚斯及安妮·麦基合撰，原刊登于《哈佛商业评论》，2001 年 12 月号

延伸思考

《当你批评某人时，你就更难让他们改变》

原刊登于 hbr.com 及 LinkedIn.com；hbr.com，2013 年 12 月 19 日

《领导者同情心不足症的信号》

原刊登于 LinkedIn.com，2013 年 11 月 25 日

4. 重新唤醒你对工作的热情

与理查德·伯亚斯及安妮·麦基合撰，原刊登于《哈佛商业评论》，2002 年 4 月号

延伸思考

《进入顺流状态》

原刊登于 LinkedIn.com，2013 年 11 月 18 日

---

5. 社交智商与领导生物学

与理查德·伯亚斯合撰，原刊登于《哈佛商业评论》，

2008 年 9 月号

延伸思考

《优秀领导者的关键习惯》

原刊登于 LinkedIn.com，2013 年 5 月 2 日

《情绪智商阴暗面的解药》

原刊登于 LinkedIn.com，2014 年 1 月 5 日

---

6. 领导者的三重焦点

改写自丹尼尔·戈尔曼于 2013 年所著的《专注》

延伸思考

《要让专注力持久，就要停止过度使用》

原刊登于 hbr.com 及 LinkedIn.com；hbr.com，2013 年

11 月 28 日

《心思游移时的三个快速解决法》

原刊登于 LinkedIn.com，2013 年 9 月 25 日

---

7. 不只聪明，而且智慧　为什么领导者需要专注于组织以外的焦点

原刊登于亿康先达国际的《焦点》杂志，2013 年 12 月

延伸思考

《组织注意力缺乏失调症》

原刊登于 hbr.com 及 LinkedIn.com；hbr.com，2014 年 1 月 2 日

《领导者的必备特质》

原刊登于 LinkedIn.com，2013 年 9 月 29 日

领导力笔记

领导力笔记

领导力笔记

领导力笔记